1小时读懂桥梁

[英]爱德华·丹尼森（Edward Denison）
[英]艾恩·史都华（Ian Stewart） 编著

顾 威 译

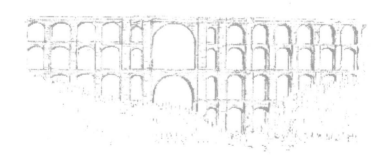

机械工业出版社
CHINA MACHINE PRESS

这是一本帮你了解桥梁的科普书，通过丰富的插图和简洁明了的文字介绍了关于桥梁的基本知识。通过这本书，你可以快速了解桥梁的发展史以及各种类型的桥梁的结构和用途，也能提升你欣赏桥梁的水平。读完这本书，再次见到各种各样的桥梁，你不再只能用"好看""气派"或者"宏伟"来形容它，你能知道它属于哪一类，为什么要建在这里，大概的结构和技术特点，以及修建它的意义。从此，桥梁在你眼里，将不再仅仅是冰冷的建筑，它会变得生动鲜活，不仅承载着桥上的交通，也承载着不断发展的文化。

How to Read Bridges/ by Edward Denison & Ian Stewart/ISBN: 978-1-4081-7176-9
Copyright © 2012 Ivy Press Limited
Copyright in the Chinese language（simplified characters） © 2022 China Machine Press

本书由Ivy Press Limited授权机械工业出版社在中国大陆地区（不包括香港、澳门特别行政区及台湾地区）销售。

北京市版权局著作权合同登记　图字：01-2020-3374号。

图书在版编目（CIP）数据

1小时读懂桥梁 /（英）爱德华·丹尼森（Edward Denison），（英）艾恩·史都华（Ian Stewart）编著；顾威译. —北京：机械工业出版社，2022.6（2023.12重印）

书名原文：How to Read Bridges
ISBN 978-7-111-70601-4

Ⅰ. ①1… Ⅱ. ①爱… ②艾… ③顾… Ⅲ. ①桥-普及读物 Ⅳ. ①U448-49

中国版本图书馆CIP数据核字（2022）第066013号

机械工业出版社（北京市百万庄大街22号　邮政编码100037）
策划编辑：黄丽梅　　　　责任编辑：黄丽梅
责任校对：韩佳欣　王　延　责任印制：张　博
北京利丰雅高长城印刷有限公司印刷
2023年12月第1版·第2次印刷
145mm×200mm·7.625印张·2插页·142千字
标准书号：ISBN 978-7-111-70601-4
定价：69.00元

电话服务　　　　　　　　网络服务
客服电话：010-88361066　机　工　官　网：www.cmpbook.com
　　　　　010-88379833　机　工　官　博：weibo.com/cmp1952
　　　　　010-68326294　金　书　网：www.golden-book.com
封底无防伪标均为盗版　　机工教育服务网：www.cmpedu.com

目 录

概述 006

第一部分　认识桥梁　014
材料篇　016
桥梁的类型　034
桥梁的用途　068
桥梁设计师　080

第二部分　分析桥梁　094
梁式桥梁　096
拱式桥梁　110
桁架桥梁　138
开启式桥梁和可移动桥梁　156
悬臂式桥梁　178
悬索桥　194
斜拉桥　222

资料来源　242
致谢　244

概述

俗话说"需求是发明之母"。对于桥梁建筑而言,这句话可以被称为真理。在古代,人们需要跨越溪流抵达新的牧场;如今,全球贸易与交流需要依靠大量跨越江河湖海的桥梁及复杂的桥梁系统。因此,桥梁的需求量与日俱增,这也成为其不断创新的源泉。

桥梁在人类社会的全球化进程中扮演着重要角色,其最初的建造目的是满足跨越溪流的原始需求,后来桥梁在一定程度上界定了居民点、城镇、城市乃至国家的演变。领土争端也往往归因于对桥梁的控制。同时,商业的发展也依托于可靠的桥梁和渡口。在现代,城市的扩张以及国家之间的关系有时候也取决于桥梁。很难想象,当今世界上的超大城市,诸如纽约或是伦敦,如果城市内部没有桥梁会是什么样子。同样,古代城市,诸如威尼斯抑或是罗马,如果没有桥梁便不会那般繁荣昌盛。

近几十年以来,桥梁设计与施工有了惊人的发展。世界上最长、最高、最重抑或是最繁忙的桥梁纪录在短时间内一次次被刷新。材料发展水平与施工能力的提高不断地满足着我们无尽的需求。最新的工程与设计发明既可以实现国家间跨海连接大桥的建造,又可以在历史名城中创建桥梁开辟新的路线。

对于工程师来说，桥梁是行业内最激励人心且不言自明的项目之一。而对于大众而言，桥梁的存在是理所当然的。有些桥梁会因其大小或形状特征让我们敬畏，而有些桥梁会因年代久远令我们有诸多感慨，但大部分桥梁承载更多的是我们对其实用性的尊重。解读桥梁可以使这些结构变得生动鲜活，无论是著名桥梁还是那些被忽视的普通桥梁。

本书分为两部分：第一部分从基础开始，讲解桥梁材料的发展历史，展示桥梁的类型，介绍桥梁不同的用途，并介绍那些名字已经成为桥梁设计代名词的卓越工程师；第二部分以桥梁类型为基础，通过解读世界上一些典型的桥梁案例来介绍全球范围内使用较多的桥梁类型。每一个案例解读都能帮助读者了解桥梁的结构以及不同结构间的特性差异。

为什么一座桥梁的结构是现在的样子？为什么它以当前的这种方式来建造？为什么它使用了当前这种材料？这些问题能够激发我们的好奇心。本书为没有专业背景的大众展示桥梁，这个获得全世界共识的人类智慧的结晶。从繁忙的市中心到偏远的山区，每一座桥梁都有自己的故事，等待人们去解读……

概述·寻找线索

结构形式

纽约乔治·华盛顿大桥的桥塔原本计划用石头覆层装饰，但最终选用了暴露结构的形式，因为此形式更吸引眼球，也更经济。

在现代建设环境中，桥梁是一种独特的暴露结构的建筑形式。带有桥墩、拱券和立柱的古老石材或大理石建筑拥有视觉上的真实性，给那些有兴趣去欣赏结构以及想探究桥梁是如何建造起来的人士提供了直观的认识。然而，随着现代建筑材料的发展，钢铁、混凝土、木材等结构性材料有时会隐蔽在外覆系统之内，从而创建一种建筑美学特征。

近两个世纪，随着材料的发展，桥梁也得到了迅速发展，但一般桥梁都没有外覆系统。因此，桥梁结构一直是建筑与工程最真实的组合之一，为观者提供了一个观察和理解结构的绝佳机会。

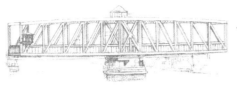 

支承方向

简单的几何变化可以明显改变结构荷载传递回支承的方式。在架梁结构中,如果支承向下,朝向跨度中心,则它承受拉力。如果支承向上,则它承受压力,因此截面必须足够大,以承受屈曲力。然而,悬臂梁结构的规则与此相反,如上图所示。

接合部位

注意上图中的接合部位,这些都表明它是简支梁而不是连续梁,并且表明它是悬臂式桥梁而不是梁式桥梁或拱式桥梁。它们也揭示了桥梁是如何建造的,通常还有场外组装部分。

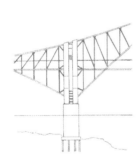 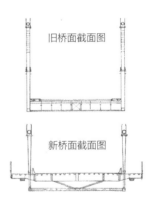

隐蔽基础

对不同的拱桥进行更细致的观察,可以看出它们的基础是如何工作的。上承式拱桥的基础需要同时抵抗推力的竖直分力与水平分力。系杆拱桥利用桥板承受拉力,这意味着没有或只有很小的水平推力作用到基础上。通过理解与观察上部结构,可以获取基础的大量信息。

可靠性

桥梁的维护至关重要,构件超出使用寿命之后必须更换或维修。与此类似,许多旧桥为了适应用途的改变和功能的增加,不得不做出改变,有的对桥面进行了现代化处理,有的进行重建以保证结构安全。观察这些桥梁时要注意那些非原始部件。

概述 · 未来的桥梁

虽然桥梁设计的许多基本理念数千年未变,但过去的两个世纪我们依然见证了桥梁建筑突破性的发展。新材料、新技术以及设计师与工程师积累的经验和不断提升的专业技术水平使得更长、更有效率以及更安全的桥梁结构得以实现。

桥梁的建设经历了一段增长时期,并持续到了21世纪。近年来,各种类型桥梁的最长、最高纪录一再被打破。促成这种情况的原因,一方面是设计师和工程师所获得的专业知识以及可供使用的专业工具不断完善,

另一方面是发展中国家现代化基础设施建设的需求不断提升。全球化以及各个国家和地区的政治、经济联盟也在持续推动桥梁建筑的发展。

随着设计师和工程师不断突破现有知识的边界,短期内,传统技术的改进将创造出更长、更高效的结构。而从长远来看,新材料与新技术将不可避免地产生全新的结构类型,反过来也会彻底改变桥梁设计,就如同钢筋混凝土所起到的作用一样。

第三座福斯桥——昆斯费里大桥

这是一座应用了斜拉索和连续梁组合结构的新桥。桥面将通过3个A形斜拉桥主塔和混凝土桥墩的支承穿过河口。斜拉桥段将形成两个通航桥孔和两个边跨,而桥墩将支承引桥平缓地连接海岸线与斜拉桥段。A形斜拉桥主塔支承着每侧呈扇形分布的双索面斜拉索,这些斜拉索锚固于桥面的两侧边缘。

概述·未来的桥梁

墨西拿海峡大桥

在将意大利本土与西西里岛分离的墨西拿海峡上架设桥梁的构想可追溯到罗马时代,从那之后未曾间断过。在19世纪末20世纪初,人们进行了认真的研究,但却没有结果。20世纪50年代,人们对这个构想重新产生了兴趣,并于60年代举办了设计竞赛,但依旧没有成功。20世纪90年代,该项目最终获得了政府批准,并于2006年起草了有史以来最长、最高的桥梁结构构造计划。该项目曾于2009年被取消,但很快又恢复了。虽然近期该计划再次被质疑,但是在墨西拿海峡建设桥梁的构想依然存在并且不会消失,当最终实现的时候,它会是桥梁建设史上的里程碑之作。

具有历史意义的未来桥梁

计划中的墨西拿海峡大桥的单一跨度为3.3km,比现在的世界纪录保持者——明石海峡大桥(见218页、219页)还要长60%。

为了给悬索提供足够的坡度以及保证65m的通航净空高度,桥塔高约为383m,几乎超过了现在的世界纪录保持者——米洛高架桥(见230页、231页)40m。两对直径为1.25m的缆索需要承载60m宽的桥面,该桥面上可设置6条车道、2条铁路线、2条人行道及1条应急车道。

第三座福斯桥

英国苏格兰福斯湾习惯于打破桥梁设计的纪录。第一座福斯桥是一座铁路桥（见 28 页、181 页），并于 1890 年投入使用。它曾经是世界上最长的悬臂梁桥和第一座全钢结构的特大桥。第二座福斯桥于 1964 年作为公路桥投入使用，是当时欧洲最长的悬索桥（见 35 页、56 页）。然而，半个多世纪以来，主缆的老化削弱了其结构，第三座福斯桥被设计建造以取代它。

PART ONE
第一部分 认识桥梁

MATERIALS
材料篇·综述

纵观历史，在全球范围内，桥梁建造一直依靠一系列令人惊叹的材料来实现。一些材料（如木材以及石头）可以历经千年的冲刷，而另一些材料（如竹子、藤蔓及根茎等）则是一些地区特有的。其他材料则需要专业制造，比如距今已有4000多年历史的烧结砖，是人造材料的典型例子，后来被应用于桥梁建造之中。

在过去的两个世纪，现代材料以及现代制造工艺彻底改变了桥梁建筑，铁、钢、混凝土甚至钢化玻璃改变了桥梁设计，使我们有能力建造更长的大桥，或者设计出更多创新、高效、安全的桥梁结构。

不仅仅建造桥梁的主要材料有助于桥梁的演化，辅助材料同样如此。石灰砂浆用来黏合石材，铁钉可以加固木桥，而铁燕尾榫可以将石材连接在一起。大部分现代桥梁依靠钢筋与混凝土的结合和互补属性，无论是钢筋混凝土、预应力混凝土还是后张法预应力混凝土，钢的拉伸性能均能增强混凝土的抗压性能。

桥梁设计的发展始终取决于材料的安全性、有效性和高效性。随着材料技术与复合材料的不断完善和发展，桥梁设计的潜力不可限量。

耐久性好的木材

中国广西三江程阳桥是一座风雨桥，始建于1916年，其精致的桥面连同5个亭子及众多的亭台均由木材建造，3个桥墩由石材建造，而屋顶则覆以瓷砖。

材料篇·石材

石材是一种古老的桥梁建筑材料，经久耐用。虽然它的抗拉强度远小于抗压强度，但强度与耐久性特别适合桥梁建筑。石桥通过设置垂直的石墩或拱来充分利用石材的抗压强度。有些桥梁却依靠石材的抗拉强度，例如小溪之上的桥梁或是通过一系列石柱穿过河流的、非常古老或非常小的桥梁。

石拱桥

位于波斯尼亚和黑塞哥维那的莫斯塔尔古桥是一座宽4m、高20m的石拱桥，由奥斯曼帝国最著名的建筑师斯南于1566年建成。这座桥在1993年被破坏之前连接了内雷特瓦河两岸几个世纪之久，于2004年重建完成并重新开放。

天然石拱（右图）

世界上最古老的石拱桥是在被冲蚀的海岸线以及暴露的基岩区天然形成的。在美国犹他州的拱门国家公园中有超过 2000 个这样的自然奇观，其中最著名的是 16m 高的德里克特拱门。这些天然形态激发了古代文明的灵感并展示了石材的性能。

石梁桥（左图）

最简单的石梁桥是将石材作为梁使用，利用石材的拉伸性能。随着两端支承结构间距离的增加，石材的厚度必须随之增加。虽然原理简单，但是从单块石材重量超过 200t 的中国桥梁到英国的小石桥，石梁桥的技术复杂程度大不相同。

石材装饰（下图）

石材具有可雕刻的特性，在装饰性桥梁中被充分利用，例如罗马的凯旋桥，它具有重要的装饰和仪式功能，所以其上有很多精美的雕刻。

第一部分　认识桥梁

材料篇·木材

飞檐

建于 1916 年的中国广西程阳桥是完全木质结构。它所使用的建造方法被称为飞檐法，即以中国传统屋顶所使用的多层叠加的梁支承荷载。5 个石砌桥墩支承着这座长 64m、宽 3m、矗立着多层亭阁的有盖人行天桥。

木材是理想的桥梁建筑材料，因为它储量丰富、重量轻、相对廉价、易于加工并且用途广泛。因此，木质桥梁在世界各地都有发现并且有各种形状和尺寸，从精致优雅具有观赏性的人行桥到实用的铁路桥梁不一而足。木结构的灵活性意味着它可以通过受拉或者受压来承载荷载，还可以轻松制作成复杂的造型。

木桁架

美国第一座有盖木桥建于 1805 年,横跨于宾夕法尼亚斯库尔基河上。右图绘于桥被包起来之前。这幅雕刻画显示了桥面是如何在两个石砌桥墩之间的拱形木桁架上铺设的。

木拱

横跨日本锦川河的锦带桥建成于 1673 年,由 5 个细长的拱券(每个接近 35m 长、5m 宽)组成。这个复杂的结构最初完全由木材建造,旨在抵御巨大的洪水。该桥最后一次重建是在 1953 年。

古老的传统

位于中国福建的万安桥长约 98m,建于 1000 多年前,彰显了木材的潜在耐久力。该地区以木拱廊桥著称,每座桥均由石砌桥墩支承的木梁节段拱建造而成。

材料篇·有机材料

现代藤

现在，在日本南部偏远的伊亚山谷之上有3座藤桥，长达45m，宽2m。

最早的建桥方式之一是砍倒一棵树架在河的两岸。这有其局限性——尤其是当峡谷太宽或者没有合适的树木时。在一些地区，大自然提供了一些其他方面的帮助，如在树冠上悬挂藤蔓。随着时间的推移，人们发明了更复杂的方法，可以用木材以外的有机材料建造桥梁。

藤

几个世纪以来，穿越日本伊亚山谷的唯一工具是悬挂在河面之上 14m 的藤桥。此桥最初建造于 12 世纪，这样撤退的士兵可以轻易割断藤蔓以阻止敌人的追击。每一座藤桥都被定期重建，现在均用钢丝加固。

根

在印度东北部潮湿的丛林中，当地人发明了一种独特的方法——用本地的一种无花果树（橡胶树）建造桥梁。但他们不是砍伐树木来修桥，而是利用树的气生根使它们跨河生长去创造活体桥梁，这些桥梁随着树龄的增长而变得更加坚固粗壮。桥面上铺有石子，有时还修建为双层，形成双层悬索桥。

竹子

竹子在亚洲用于桥梁建设已有数千年的历史。其较理想的抗压与抗拉强度、良好的弹性以及轻质特征使它成为优良的承载轻型荷载的浮动桥或悬索桥材料。最长的竹制悬索桥位于中国四川省，长达 200m。作为建筑材料，竹子现在也可用来建造承载机动车通行的桥梁。

第一部分　认识桥梁　023

材料篇·砖

古砖

6000年前,第一批晒干的砖出现在美索不达米亚。17世纪,古砖的现代版——砖窑烧结砖,被用于建造伊朗的三十三孔桥,这是世界上现存最古老、最长的砖桥之一。该桥穿越了伊斯法罕市的宰因达河,桥长295m,中央的石制桥面为机动车道,两侧是由66个拱券(每个较低的拱券上方有两个拱券)隔开的有盖人行道。

砖是最早用于桥梁建筑的人造材料之一,已经有上千年的历史。在温暖的气候环境下,最早的砖是由统一尺寸的泥土、黏土或是基质相似的材料风干而成的。烧结砖的生产需要专业人士和在窑中烧制的专业化流程,其生产的最早记录出现在近4000年前中国的古都——西安。几个世纪以后,罗马人也使用了类似的技术,但随着罗马帝国的衰落,该技术在欧洲没了踪迹,直到中世纪晚期才再次在欧洲出现。

雄伟结构

德国东南部的高洛茨克高架桥是砖多功能使用的著名案例。该桥长度超过500m，最高点将近100m，于1851年开始投入使用，现在仍在承载高速列车。

再造砖

位于阿富汗赫拉特城外的、古老的普里马栏22拱砖桥可以追溯到12世纪。这座桥在多次洪水中幸存下来，在当地传说中备受称赞，但是它却在现代战争中被毁了，最近它被重建。

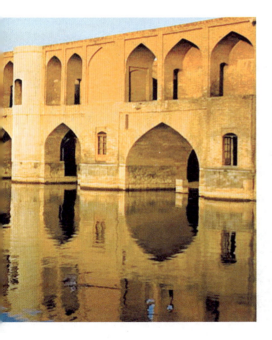 

砖的式样

在英国维多利亚时期，砖是一种受欢迎的材料，但很少有建筑师能运用得像斯科特爵士那样得心应手，他曾经设计了牛津郡的克利夫顿汉普登桥（1867年）。斯科特爵士对哥特式建筑风格的偏爱体现在桥的6个尖券上，由他设计的面向伦敦圣潘克拉斯火车站的米德兰酒店，也是很好的例证。

材料篇·铁

中国是第一个在桥梁建造中使用铁的国家，他们制作铁链用来制造悬索桥。在15世纪就有了相应的记载，后来欧洲的旅行者，包括马可波罗，都惊叹于这些开创性悬索桥的先进性。直到18世纪晚期，在世界上第一座铸铁桥在英国的煤溪谷建成之前，没有其他的桥梁建筑在铁的应用方面可以与之相媲美。在第一次工业革命期间，铁一直是主要的建筑材料，直到被钢所取代。

生铁（右图）

19世纪，铁改变了桥的结构。这座长304m、宽3.4m、高38m的庞特基西斯特高架水道桥由维多利亚时期的工程师托马斯·泰尔福特设计，于1805年开通。这座由铸铁板制成的水道桥由18个拱券支承，每个拱券由4根铸铁拱肋构成，并且由加劲外板连接每个石砌桥墩。

装饰性的铁（上图）

工业化使生产相同的结构构件变得容易和低成本。这些构件不仅在结构上有效，而且具有高度的装饰性。在铸造过程中可以创造出精致的形状和图案，这很快成为钢铁桥的特征。

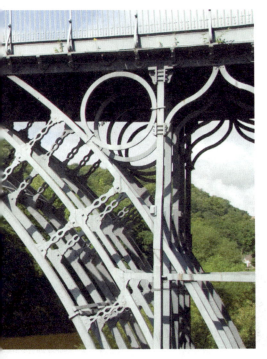

铁桥（左图）

没有哪座铁桥比英国铁桥更有名，它的名字叫作"铁桥"，也是源于材料。这座铁桥是对铁最有力的宣传。该桥由托马斯·普里查德设计，使用了由附近的高炉连续3个多月生产的378t铁。每一个大的铸铁构件都通过河运运往现场，吊装到合适的位置构成一座拱形驼峰桥，它于1781年元旦投入使用。

第一部分 认识桥梁 *027*

材料篇·钢

19 世纪晚期，现代炼钢技术的出现是桥梁建筑发展的重要里程碑。与铁相比，钢在承受拉力与压力方面的优势提升了金属桥梁的建筑性能与施工技术。1883 年，美国布鲁克林大桥是用挤压钢丝建造的第一座现代悬索桥。其他打破世界纪录的钢桥，如主跨 519km 长的英国福斯铁路桥，是目前世界上最长的多跨悬臂桥，它由数以千计的独立构件在现场组装而成。

跨越泰恩河

超过 7000t 的钢被用于建造连接纽卡斯尔与盖茨黑德的泰恩桥。它由 Mott, Hay and Anderson 公司设计。钢拱由铆钉连接的扁钢板装配而成，通过它将跨度 161m 的桥面悬挂起来。1928 年，在英国国王乔治五世为其剪彩时，它是英国最长的单跨桥。

钢拱

1931 年，美国新泽西州范库尔水道上跨度超过 500m、高于水面 50m 的巴约纳大桥建成，直到 1978 年它还是世界上最长的钢拱桥。该钢拱由 40 段直的钢节段拼装组成。与其他桥不同的是，它没有装饰性的石砌桥台。

钢桁架

英国曼彻斯特的布瑞宁顿铁路桥是一座现代钢桁架桥，它证明了钢作为流行的桥梁建筑材料所具有的耐久性。每个桁架杆件被焊接到预制钢梁上，形成桥梁的上弦杆和桥面。

材料篇·混凝土

1849年，法国的园丁约瑟夫·莫尼尔在使用钢丝网和混凝土制作花盆时，偶然发明了钢筋混凝土。钢筋混凝土结合了钢的抗拉强度与混凝土的抗压强度，使建筑业发生了革命性的变化。钢筋混凝土具有有限的挠度和开裂特性，为了提高性能，20世纪早期发明了预应力混凝土，在不增加每个部分厚度与重量的条件下，能够增大桥梁的跨度。

预制构件

预应力混凝土的优势在于它可以通过分段预制后运到建造现场，以减少建造的时间与费用。美国新泽西州采用预应力混凝土建造的新胜利桥（2005年），凭借134m长的主跨度成为美国最长的预制悬臂式桥梁，节省了一年的建造时间和上百万美元的资金。

后张法预应力混凝土（右图）

后张法预应力混凝土与预应力混凝土很相似，它是另外一种通过对结构体内很可能产生拉力的部分施加压力来增加混凝土结构跨越能力的方法。与先张法预应力混凝土不同，后张法是在混凝土已经浇筑成型之后才实施的。预应力筋置于套筒内，在现场浇筑混凝土之前便放在构件中，或者对于预制构件，在单个节段分段吊装到位时布置好。然后通过将它们拉紧迫使混凝土受压，将预应力筋锚固住。

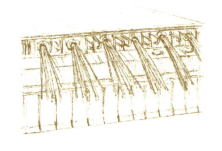

纤细化（下图）

预应力混凝土的结构特性决定了使用它去建造大型结构只需要较少的材料。图中纤细的、252m 跨度的拱桥横跨德国维尔德格拉峡谷，用普通的钢筋混凝土是不可能实现的。

预应力混凝土（右图）

给混凝土施加预应力是一种提高材料跨越能力的方法。混凝土浇筑在事先已受拉的钢筋（被称为预应力筋）周围，当混凝土凝固时，在混凝土与预应力筋之间形成黏结。完全凝固后，预应力筋末端被释放，于是对混凝土产生压力。预应力筋被置于受拉区，通常在简支梁的底部。

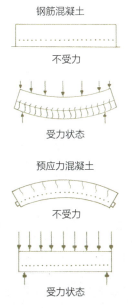

钢筋混凝土

不受力

受力状态

预应力混凝土

不受力

受力状态

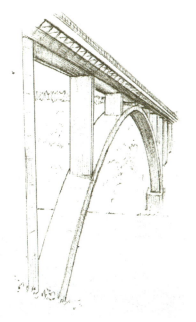

材料篇·玻璃

应用玻璃

在英国帕丁顿大联盟运河上,直径3.5m、长7.7m的玻璃管和不锈钢螺旋结构形成了一座集功能性与艺术性于一体的桥,为了允许船只通行,这座螺旋旋转桥可以收起。

在桥梁建筑所应用的材料中,玻璃是最令人兴奋的。现代玻璃制造技术已经解决了很多之前妨碍玻璃用于桥梁建造方面的问题。今天,几乎可以用钢化玻璃生产出任何形状与任何尺寸的构件。玻璃不仅能满足功能、安全方面的要求,而且耐用、不易磨损和风化。尽管玻璃有超强的抗压强度,在桥梁的设计中仍然需要应用其他材料来保证结构的完整性,比如钢框架。但是随着玻璃性能的提高,桥梁也可能完全由玻璃建造。

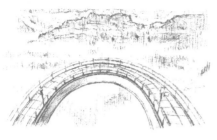

透明度（上图和右图）

玻璃显而易见的优点是它是透明的。很少有什么能比得上在视线无遮挡的情况下去领略脚下的景色所带来的兴奋。钢化玻璃地板已经在高层建筑物中使用了很多年，但是与美国科罗拉多大峡谷的悬臂马蹄形玻璃桥相比，那些高层建筑物都不足为奇。这座玻璃桥有1200m的落差，创造了世界上从人造建筑物上俯瞰的最高景观。

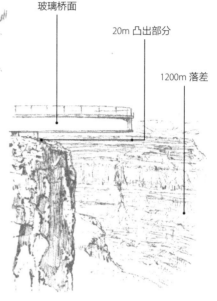

玻璃桥面
20m 凸出部分
1200m 落差

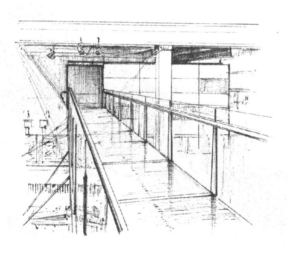

室内设计（左图）

玻璃桥正在成为现代室内设计的常见特征，尤其是在商业或办公空间中，甚至在一些公共建筑中也大量使用。1997年，一座玻璃桥通过1mm粗的钢缆悬挂在英国伦敦科学博物馆"材料挑战"的展馆内。

BRIDGE TYPES
桥梁的类型·综述

不考虑年代与材料,每一座桥梁都可以根据它的样式进行分类。桥梁按样式可分为4种基本类型:梁式、拱式、悬臂式、悬索式,这些类型的排序也可以反映出桥梁建筑发展的大致年表。最基本的桥梁类型是梁式桥梁,它就像横跨小溪的圆木一样简单。建造拱式桥梁需要建造的智慧,悬臂式桥梁依靠更多技术的发展成就。尽管原始的悬索桥早有先例,但现代悬索桥经常追求更大跨度,因此更具有挑战性。

其他类型的桥都是这4种基本类型的变体。比如斜拉桥就是在悬索桥和悬臂桥的基础上发展而来的,通过每根固定于桥塔的斜拉索直接与桥面连接,不像悬索桥那样通过连接吊杆和悬挂于桥塔的两根主缆来承担桥面的荷载。

另外,桁架桥梁和可移动桥梁在结构形式上可以采用4种基本类型中的任何一种或者组合。很多桥梁的设计采用了组合形式,这样的桥梁通常被称之为混合结构桥梁。

旧与新

福斯公路桥(1964年)是欧洲第一座在建造中使用现代纺线法架设主缆技术的桥梁,它使用了30000km的钢缆。它后面是福斯铁路桥(1890年)。

桥梁的类型 • 梁式桥梁

箱形梁

箱形梁是梁的一种变体，它通过中空的矩形横断面来提升强度。在巴西，用预应力钢筋混凝土箱形梁修建了长13km、宽72m的里约-尼泰罗伊大桥（1974年）。

梁式桥梁最简单的形式是两端支承水平的桥面，但是也有很多不同的类型。梁式桥梁必须承受竖向荷载。竖向荷载在梁内产生竖向剪切力、水平方向的拉力与压力，当其仅作用于一侧时还有沿梁长的扭力。竖向剪切力由支承结构分担。梁的跨越能力可以很直观地通过梁的高度和跨径的比值（高跨比）来表征。如果跨径太大，那么梁可能没有足够的能力来承受其内力。

梁式桥梁的原型（左图）

梁式桥梁最简单的例子，也可能是人类最早使用桥梁的例子，就是倒下的树跨过河流。在这里，梁式桥梁由树干组成，它的两个末端支承在河岸上。

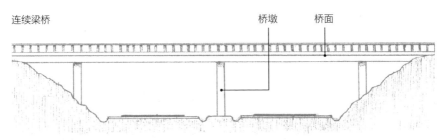

连续梁桥（上图）

另一种梁式桥梁是连续梁桥，它是指一根梁由很多的支座或者桥墩支承。连续梁的优点在于梁高可以减小，当梁通过桥墩时，横截面上部受拉，这能有效提高梁的受力性能。

简支梁桥（下图）

由两端的支承结构与独立的梁组成的桥叫作简支梁桥。这也就是说尽管可能有很多重复（很多个支承结构和很多个跨度），但是在支承结构的顶端，梁不是连续构件。简支梁用于整个跨度仅仅需要一根梁或者多跨的情况，简支梁两端需要设置活动接头。

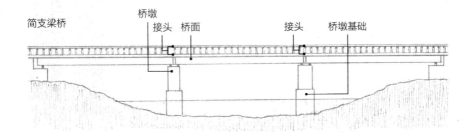

桥梁的类型·梁式桥梁

石梁

在现代工程与材料进步之前,跨越较长距离的梁式桥梁多采用密集的桥墩支承大量的梁。

在中国泉州的洛阳桥,建成于1060年,全长超过1km,46个石砌桥墩支承巨大的花岗岩石梁。

荷载的传递（左图）

如图所示，在传统的公路桥中，通过设置一系列平行的梁来分担荷载，以克服桥面上受力不均匀所产生的扭力。在这里，桥面上的荷载由与每个桥墩相连的 4 根均匀分布的钢梁支承，它将荷载传递到每个柱式桥墩上，减小了桥梁对地面的影响。

洛阳桥的梁（右图）

洛阳桥的梁有的长达 20m，其厚度需要保证可以承受它们自身的重量，所以这样的梁重达 200t。因为每 5m 宽的跨度需要 8 根梁，所以洛阳桥使用了超过 350 根厚重的石梁连接了 46 根流线型的石砌桥墩。

巨型桥梁（左图）

梁很适合建造超长的桥梁，因为由两端的桥墩支承的梁可以无限重复。目前，世界上最长的梁式桥梁是中国的丹昆特大桥，长 165km，完成于 2010 年。许许多多的预应力混凝土梁被敷设在大量的桥墩上。

桥梁的类型·拱式桥梁

力的作用线

在拱式桥梁中,施加的垂直力通过受压的拱传递给桥台,桥台承载着垂直与水平方向的反作用力。在传统的石拱中,每块石头都被称为拱石,在顶端的石头被称为拱心石。拱心石可以将拱固定在适当的位置,并确保将垂直力转化为侧向力。

　　拱是一种非常坚固的结构。它最早形成于自然环境中,激发了人类复制它的尝试。这些尝试首先在石头上进行,之后扩展到了很多别的材料,包括木材、砖、铁、钢和预应力混凝土。拱通过它的曲线将竖向荷载传递到两端的支承结构,也就是桥台,通过桥台将荷载传递到地面上。桥梁对拱的利用有几种方式,有些桥面在拱顶上,有些桥面悬挂在拱下,还有的桥面穿过拱。

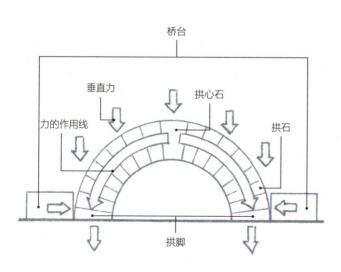

古老的拱（右图）

最简单的拱的式样可以在如陵墓那样的古代石结构中找到。在那里斜着相互顶在一起的两块巨石，将荷载传递到下方开口的两侧。

中承式拱桥（下图）

卢浦大桥（2003年）是一座横跨中国上海黄浦江的箱形钢拱桥，跨度550m。这座桥由两个相互支承的巨大钢拱组成，桥面用钢束悬挂在钢拱上。因为桥面与拱在桥台上方相交，所以称之为中承式拱桥。

桥梁的类型·拱式拱梁

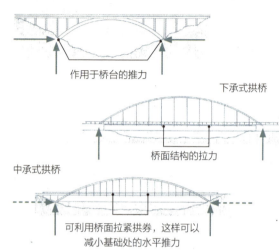

上承式拱桥
作用于桥台的推力

下承式拱桥
桥面结构的拉力

中承式拱桥
可利用桥面拉紧拱券，这样可以减小基础处的水平推力

拱的类型（左图）

传统的单跨拱桥需要车辆沿着拱背行进。如今不同类型的拱桥提供了水平的桥面，包括中承式拱桥、上承式拱桥和下承式拱桥，其中下承式拱桥悬挂的桥面在桥台处与拱相交。（见110页、111页）

钢拱（右图）

现代建筑材料和技术使得拱桥变得越来越细长。在美国路易斯安那州罗斯福湖上，有一座细长的中承式拱桥（1990年），在当时是桥梁融于优美自然环境的典型实例。

空腹式拱肩

拱肩（上图）

任何桥梁固有的重量（自重）都可能导致其倒塌，因此在设计中，减轻桥梁自重通常是考虑的主要因素。在拱背、拱的外曲线与桥台之间的空间设置孔洞，不仅可以减轻桥的重量，还可以让洪水通过，减小桥对水的阻力。这些实用的孔洞被称为开放的拱肩（敞肩），如下图所示为威尔士南部的庞特普里德桥。

上承式拱桥（上图）

桥面在拱之上的拱桥称为上承式拱桥。在美国圣路易斯密西西比河上的伊兹桥，承载着公路和铁路交通，在1874年投入使用时，是世界上最长的上承式拱桥。上承式拱桥的荷载由它下方的拱支承，同时也由桥下的桥墩来支承。

桥梁的类型 • 桁架桥梁

古典桁架

许多铁路桥梁都坚持桁架桥梁的经典形象。美国跨越科罗拉多河的桥梁展示了结构的几何特性,其三角形部件由垂直立柱和水平弦杆之间的斜向构件组成。

桁架桥梁是现代桥梁设计中最早的形式之一。桁架有很多种类,但是作为一种结构,它们都利用了三角形的稳固性。根据施加在桁架上的力的不同,桁架的直杆主要承受压力、拉力或者二者的结合(不是同时)。受压构件的横截面通常要大一些,以承受屈曲效应。桁架是一种高效结构,它使用较少的材料就能获得非常好的强度。桁架可以用于各种类型的结构,包括梁式、拱式和悬臂式。

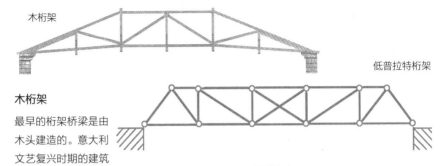

木桁架

低普拉特桁架

木桁架

最早的桁架桥梁是由木头建造的。意大利文艺复兴时期的建筑师安德烈亚·帕拉第奥（1508—1580年）的设计阐释了桁架的三角几何结构。这座桥被分成三部分，其中两个倾斜的三角形引道一端支承在桥台上，另一端支承在桥的中间水平部分。

低普拉特桁架

构件沿对角线方向向下倾斜至桥体中央的特殊结构被称为低普拉特桁架，它由托马斯和迦勒·普拉特于1844年发明。

连续桁架

一些桁架桥梁使用一系列重复的垂直、水平和斜向构件形成连续的结构框架，在威尔士南部的克拉姆林高架桥（1857年）中，主梁与支承的桥墩都采用了连续桁架。该桥于1967年被拆除。

桥梁的类型·桁架桥梁

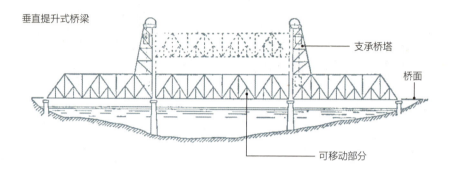

垂直提升式桥梁 — 支承桥塔 — 桥面 — 可移动部分

移动荷载（上图）

由于桁架能够很好地承受移动荷载，因此桁架适合用于重载沿桥跨移动的提升式桥梁。桁架能够在沿着其长度方向的任何位置承担荷载，然后把它传递到任何一边的支承桥塔上。

混合型桁架（下图）

通常，各种各样的桁架类型被用于同一座桥梁中。最初肯塔基州和印第安纳州之间横跨俄亥俄河的桥（1886年）使用了大量不同类型的桁架，在1km的跨度内，包含了用木材与钢材建造的拱式、梁式和悬臂式桁架。

鱼腹式桁架

由上、下弦杆和腹杆形成的独特鱼腹形状的桁架被称为鱼腹式桁架，伊桑巴德·金德姆·布鲁内尔设计皇家阿尔伯特桥（1859年）时使用了这种桁架。每个桁架由一个受压的管状铁上弦杆和两个受拉的铁链下弦杆组成，它们通过交叉支承抵抗风荷载。铁路桥面悬挂在下方。不像拱那样将水平力传递到桥墩，鱼腹式桁架是简单地支承在桥墩上。

格构桁架

格构桁架使用一系列的斜向构件按照格子状排列在粗大而坚固的水平构件之间。这个实例说明了桁架可以被理解为梁，每一个格构桁架部分形成一个支承于桥墩上的大梁。需要注意的是，随着荷载被传递回支承结构，斜向构件尺寸逐渐增大。

桥梁的类型·可移动桥梁

旋转的竖旋桥

可移动桥梁中最常见的形式为竖旋桥，它采用了与跷跷板相同的工作原理。诺曼底著名的飞马桥是一座旋转的竖旋桥。桥面不是绕桥面上的轴来打开，而是整个结构旋转开启。

尽管桥梁设计的目的是便于通行，但有时它们也会成为阻碍。跨越水体的公路桥可能有利于车行却限制了船行。城堡的吊桥如果不能降下来，将是生死攸关的大事。可移动桥梁的设计是为了克服固定桥的相关问题。为适应不同的情况，有各种各样的可移动桥梁，从升向天空到沉入水下，从倾斜到卷曲。由于新材料的使用，各种类型可移动桥梁的设计在不断发展。

卷曲式

临时性桥梁经常用于军事上,先遣部队或者撤退的部队通过它可以阻击紧随其后的敌人。它们重量轻,很容易移动,像这个16世纪的例子,展开后可以跨过河流,卷起时便于运输。

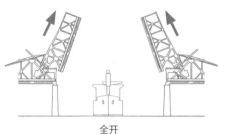

全开

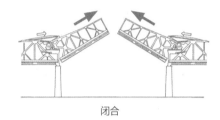

闭合

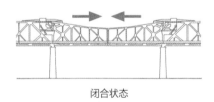

闭合状态

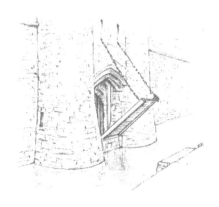

吊桥

最著名的可移动桥梁是吊桥,它因中世纪的欧洲城堡而闻名。吊桥通过与桥面最远端相连的可伸缩绳索或者金属链条来控制开合。为了使这个过程更容易,通常会使用平衡物。

竖旋桥

竖旋桥的桥面或者"叶片"通过平衡物升起时既高效节能又迅速。竖旋桥可以有一个或者两个活动叶片,由两个叶片在中间相接组成的活动桥被称为双叶竖旋桥。把位于桁架顶部或者隐藏于背跨上的平衡物放低将升起桥的叶片。

桥梁的类型·可移动桥梁

桥面降低

桥面升起

倾斜式（上图）

倾斜式桥梁的两端都可以旋转，但是为了使这一动作具有实用意义，桥面必须是弯曲的，这就限制了它只能用于步行与自行车。在盖茨黑德千禧桥的案例中，当桥面升起时，在闭合位置支承桥面的拱向下旋转担当平衡物，随着桥面的升起，桥面可以不需要拱而保持其位置。

升降式（下图）

当垂直升起中间段桥面时，依然保持与路径平行的桥梁，被称为升降式桥梁。桥面可以在跨度两端的塔架上升起，也可以通过跨度下方的液压千斤顶升起。升降式桥梁比竖旋桥有更好的强度，因此它可以承载更大的荷载。

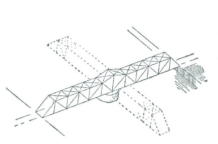
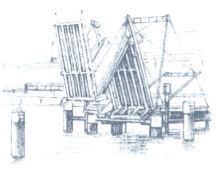

平转式

平转桥通过跨度中心的中心枢纽来旋转。因为不需要平衡力,所以它们的重量比较轻,但是支承桥面旋转的中心桥墩在狭窄的河道中可能成为一个阻碍。

可折叠式

收起桥梁的另一种方式是折叠它们,就像手风琴一样。由于活动部分相对脆弱,这种方法适用于比较小的桥梁,每个部分不太重,活动部分不用承受太大的压力。

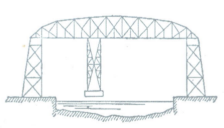

运渡式

通过跨度来承载移动桥面的桥叫作运渡桥。大部分运渡桥的桥面通过钢缆悬挂在两端桥墩上的高架结构上。桥面被称为吊舱,使用钢缆与滑轮的机械系统从一边移到另一边。

下潜式

潜水桥是一种罕见的可移动桥梁,它沉入水中让船只从它的上面经过。很多船只在水上的部分多于水下的部分,因此潜水桥沉入水里的深度不需要像升起来的高度一样多。

桥梁的类型 · 悬臂式桥梁

拱形与悬臂

悬臂式桥梁可能会被误认为拱式桥梁,因为两个悬臂经常会形成一个拱形。例如伦敦的旺兹沃思桥,它由两个支承于桥墩之上的平衡悬臂组成,跨度中间的活动接缝清晰可见。

悬臂是一种从垂直支承上向一个方向伸出的结构。如果结构在两个方向上延伸形成"T"字形,则称其为平衡悬臂。在桥梁设计中,平衡悬臂的两个部分被称为伸出臂和锚臂。不同类型的悬臂应用于桥梁结构中时常常难以辨别,尤其是一些弧形的伸出臂,它们很像拱。从拱中甄别出悬臂的最简单的方法是寻找两个悬臂之间的连接点,悬臂的连接点位于或者靠近跨度中心,而两个拱的连接点在桥墩的位置。

施工中的尼亚加拉悬臂式桥梁

竣工后的悬臂式桥梁

尼亚加拉悬臂式桥梁

悬臂式桥梁的结构是相当简单的,由锚臂在后面固定住,伸出臂从桥墩向外逐段伸出形成主跨。在深峡谷或者繁忙河道的上方,因为没有临时支承,建造悬臂式桥梁是一种理想的方式。图为尼亚加拉悬臂式桥梁的结构与设计图,它显示了悬臂从桥墩伸出的过程。完成的桥梁由两个平衡悬臂组成,桥面设置在悬臂结构之上。

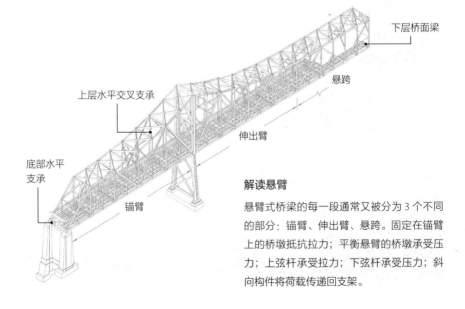

解读悬臂

悬臂式桥梁的每一段通常又被分为3个不同的部分:锚臂、伸出臂、悬跨。固定在锚臂上的桥墩抵抗拉力;平衡悬臂的桥墩承受压力;上弦杆承受拉力;下弦杆承受压力;斜向构件将荷载传递回支架。

桥梁的类型·悬臂式桥梁

奥克兰海湾大桥

双层奥克兰海湾大桥（1936年）的东跨通常被称为海湾大桥，横跨美国加利福尼亚州的旧金山湾。这座桥由一系列小型、中型和大型桁架跨度组成，其中最大的跨度有430m长，由两个大的平衡悬臂组成。这座桥于2013年修复完成。

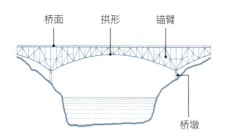

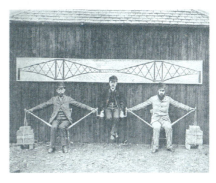

平衡悬臂

两个伸出臂底下形成的拱形容易让人误解，因为它并不具有拱的功能。在平衡悬臂结构中，荷载不是通过拱传递给桥台，而是直接作用到桥墩上。主跨受到的向下的力由锚臂平衡，锚臂被牢牢地固定在引桥的桥墩上。

延长跨度

悬臂式桥梁往往通过在两个伸出臂之间插入一个悬挂部分来使跨度延长。在这张经典的照片中，坐在中间的人代表由两侧悬臂梁支承的挂梁。木杆代表受压的下弦杆，两侧男人的胳膊代表受拉的上弦杆。上下弦杆需要在两端被锚住以防止悬臂向内倾倒。

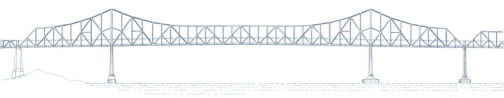

悬臂桁架跨度

悬臂桁架

悬臂式桥梁通常是桁架桥梁。如果把支承附近的结构做得更坚固，悬臂梁的中心部分就相当于一个挂梁在受力。将两个平衡悬臂并排放置会在它们的支承桥墩之间产生大的跨度。奥克兰海湾大桥就是悬臂式桥梁设计的一个很好的例子，其伸出臂向外延伸形成主跨的一半，固定于桥墩的锚臂确保其稳定性。

桥梁的类型·悬索桥

缆索

现代悬索桥的主缆是由单一的缆索围绕整个结构反复缠绕而成的。苏格兰福斯公路桥（1964年）使用了30000km的钢绞线制作悬索。

悬索桥已经存在了几千年，并在过去的两个世纪得益于现代材料和施工实践的进步而得以完善。悬索桥依靠缆索的抗拉强度悬挂桥面。最早利用这一理念的桥梁是用绳索或藤蔓悬挂在溪流上的人行桥，它们会形成悬链线或者自然弧线。现代悬索桥使用的钢索固定在地面上，通常通过在两座索塔之间现场缠绕形成主跨主缆。连接桥面与主缆的垂直缆索被称为吊杆。

结构

悬索桥的施工从索塔开始。主缆是通过连续钢丝在塔架上反复穿绕并且通过钢环锚固形成的。一旦完成，这些缆索捆绑在一起，形成一根大的主索。然后，桥面梁悬挂在较小的吊索上。许多现代悬索桥的桥面是箱形梁，这些梁被连接起来并加劲，以抵抗竖向荷载和风引起的横向荷载。加固方法根据桥的类型和跨度而有所不同，但都包括桁架梁、交叉支承或拉索。

2. 木质桥面

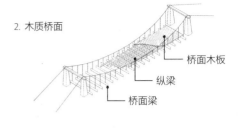

3. 贺维加劲杆桁架

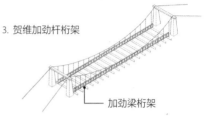

1. 悬索系统

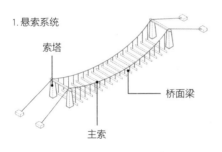

4. 横向交叉支承

5. 抗风拉索

缆索锚固

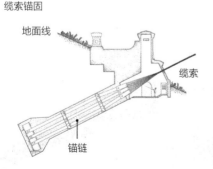

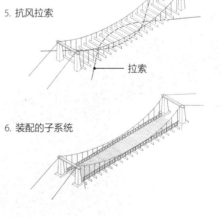

6. 装配的子系统

桥梁的类型·悬索桥

钢铁

早期悬索桥的悬挂构件由铁链或一系列相互连接的被称为眼杆的扁钢组成。19世纪初发明了一种更有效的使用钢缆的方法。缆索强度越大,冗余度越高,数以千计的钢丝束磨损一根并不是灾难性的,但眼杆断裂很可能是灾难性的。永久性的悬索桥最早建于19世纪初,但随着钢铁的发展,第一座钢悬索桥——罗夫林设计的布鲁克林大桥在纽约诞生了(1883年)。

高效

悬索桥是跨越长距离的最有效工具。它们可以在不妨碍交通和不需要脚手架的条件下建造，它们还可以使用比较少的材料承载较重的荷载。

布鲁克林大桥

钢丝束连续地穿绕塔架形成4条主悬索，锚固在曼哈顿和布鲁克林的基岩上。布鲁克林大桥的主跨度为486m，保持世界上最长的悬索桥纪录20年之久。

失败

悬索桥在承受竖向荷载方面非常有效，但其纤细的线条和柔性构件，使其经常处在超荷载的状态下，比如有侧风的时候。这些荷载如果频繁出现，且在桥面的设计中没有考虑，可能是灾难性的，正如1940年崩塌的塔科马海峡悬索桥一样。

桥梁的类型·斜拉桥

斜拉桥看起来像悬索桥,但实际上更像悬臂式桥梁。斜拉桥有许多不同类型,但它们的特点是都有一个桥塔或塔架,由一系列受拉的、单独的拉索支承桥面。在任何情况下,桥面都建在伸出塔的一系列悬臂梁上。桥面设置在塔的两侧,平衡结构,不需要锚固。因为桥面被拉向塔而受压,所以它必须是一个非常刚性的结构,不像悬索桥那样轻型的桥面只是悬挂在吊索上。

通用性

斜拉桥最初用于用悬臂桥跨度太大而用悬索桥跨度太小的情况。然而,随着设计与施工方法的改进,现在斜拉桥可以与悬索桥相媲美了,它的跨度可以超过1km,使它成为一种非常通用的桥梁类型。位于瑞典与丹麦之间的厄勒海峡大桥(2000年),主跨长为491m,由4座独立的尖塔支承,承载着铁路与公路交通。

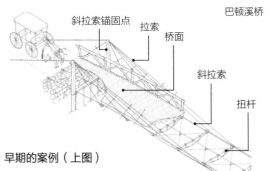

巴顿溪桥

斜拉索锚固点
拉索
桥面
斜拉索
扭杆

早期的案例（上图）

1889年，鲁尼恩在美国得克萨斯州巴顿溪上设计建造了最早的、真正的斜拉桥之一。结构构件包括由多股钢丝制成的斜拉索，连接桥面与斜拉索并防止它们解捻的扭杆，桥面下方提供动态荷载支承的纵向和横向拉索，以及保持桥的两侧平行的横梁和桥面。

竖琴式和扇形式（下图）

在典型的斜拉桥中，有两种主要的布置斜拉索的方法。一种是扇形式设计，斜拉索聚集到塔顶。另一种是竖琴式设计，斜拉索平行排列连接到索塔上。

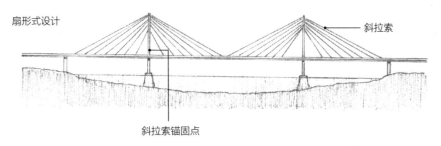

扇形式设计

斜拉索

斜拉索锚固点

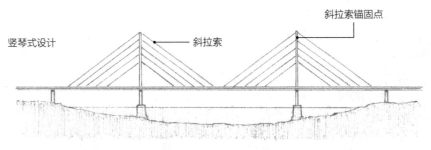

竖琴式设计

斜拉索

斜拉索锚固点

第一部分 认识桥梁

桥梁的类型・斜拉桥

无限的长度（下图）

现代斜拉桥的主跨不能与最长的悬索桥相比，但斜拉桥的优点是它们可以不断重复。因为斜拉索锚固在索塔上，斜拉桥可以通过增加索塔数来延长长度。中国香港的汀九桥（1998 年）使用了一系列索塔横跨一大片水域。长 465m 的超长辅助斜拉索增加了桥梁的纵向稳定性。

施工（右图）

大型现代斜拉桥的施工是从引桥和索塔开始的。一旦吊装到位，桥面便分段悬挂在单独的斜拉索上。完成后将整个桥面连接与加劲即可。施工比较简单，不需要或者需要很少的脚手架，同时对桥下航运的影响也不大。

1. 桥墩与辅助跨的施工

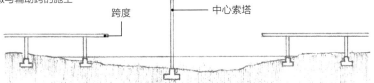

2. 中心索塔工作台建设

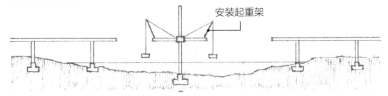

3. 安装临时斜拉索与首次架设斜拉索

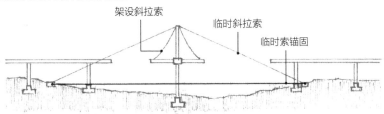

4. 延长中心跨度

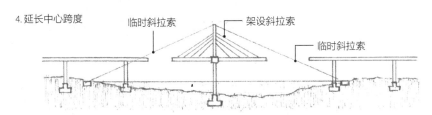

5. 中心跨度施工完成并移除临时斜拉索

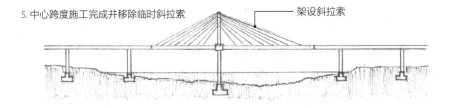

桥梁的类型·混合结构桥梁

拱和桁架

横跨在葡萄牙杜罗河上的路易一世大桥（1886年）由一个拱支承着铁路桥面，下面悬挂着一个公路桥面。不过上层桥面由钢桁架梁支承在塔架上，仅在中心部位由拱支承。

现实中，很少有桥梁是单一类型，大多数都是几种类型的混合，只是有些桥梁比别的桥梁混合得更加明显。混合结构桥梁对于解读桥梁而言是最具挑战性的，因为有两种或两种以上的结构类型协同工作。某些桥梁设计之初即为混合结构，而另外一些则是在使用期间逐渐形成混合结构，通过加固或者改变以适应不断变化的环境。混合结构桥梁固有的多样性意味着类型的多种多样。下面选择的例子正好说明不同桥梁类型如何混合在一座桥梁之中。

斜拉索与箱形梁

斜拉桥的桥面是桥梁结构的一个重要组成部分。它们必须承受斜拉索将其拉向索塔所施加的压力和由向下的荷载所施加的弯矩。苏格兰的厄斯金大桥（1971年）用斜拉索支承桥面，桥面由分段的箱形梁焊接而成。

无意识的混合结构

一些桥梁并不是设计成混合结构，而是在使用过程中逐渐形成混合结构。伦敦的艾伯特桥（1873年）是一座最初采用32根铁杆支承桥面的斜拉桥。10年后，增加了类似悬索桥采用的钢链。在20世纪70年代，在已加固的跨度中间插入了一个混凝土桥墩，以减少桥塔上的荷载。

拱与梁

工程师罗伯特·斯蒂芬森将拱券插入锻铁肋梁中，创造了独特的英格兰纽卡斯尔高架桥（1849年）。这座桥将系杆拱（有时称为弓弦梁）与水平肋梁和垂直肋柱结合在一起组成独特的部分，刚度极大，其设计是为了承担铁路和公路两用桥所产生的荷载。

第一部分　认识桥梁

桥梁的类型·混合结构桥梁

矮塔斜拉桥

通过结合斜拉索和梁的特性,一些桥梁能够实现比梁式桥梁更大的跨度和更薄的桥面,并且不会产生与大型斜拉桥相关的成本。结合这两种结构的桥梁被称为矮塔斜拉桥。矮塔斜拉桥桥面的一部分直接支承在桥塔上,相当于连续梁。斜拉索支承另一部分桥面,跨度中心部分与外侧端索相连。瑞士甘特桥(1980年)的斜拉索嵌在预应力混凝土斜向构件中。

金穗大桥(上图)

在北美,最长的矮塔斜拉桥是加拿大的金穗大桥(2009 年),四座桥塔的跨度超过 2km。

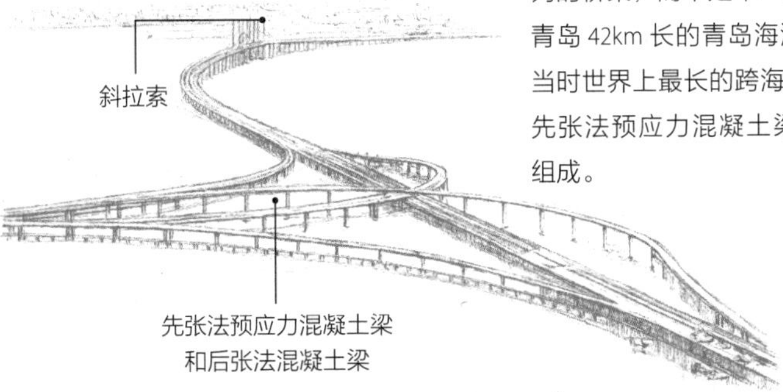

系列桥梁(左下图)

一些现代桥梁如此巨大,以至于它们是一系列的桥梁,而不是单一的桥梁。坐落于中国青岛 42km 长的青岛海湾大桥(2011 年)是当时世界上最长的跨海大桥。它由斜拉索、先张法预应力混凝土梁和后张法混凝土梁组成。

斜拉索

先张法预应力混凝土梁和后张法混凝土梁

森尼伯格桥(右图)

矮塔斜拉桥的另一个优点是它相对较短的跨度可以形成弧形的桥面。瑞士的森尼伯格桥(1998 年)是一座拥有 4 个桥墩、5 个跨度的钢筋混凝土矮塔斜拉桥,以弧形曲线形式蜿蜒地跨过陡峭的山谷。

第一部分 认识桥梁 067

BRIDGE USES
桥梁的用途·综述

设计桥梁是为了满足各种各样的需求，包括承载车辆、铁路、自行车和步行活动等常见的需求，以及输送水等特殊需求。很多桥梁甚至是为了满足多种需求而设计的。

大多数桥梁能满足一种（或多种）特定的需求，但其实际的用途经常随着使用者的变化而变化。或许设计之初并不涉及，经常在使用之后发挥了其他作用。古代

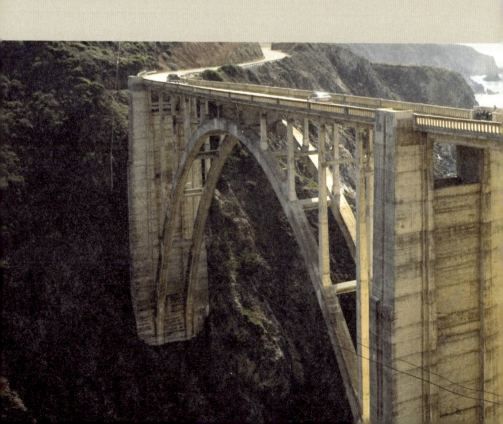

的桥梁用来承载大队士兵或运送基本供水,而现在只用来承载游客和漫步者。另外一些桥则因为其他需求而必须拓宽或者从单层桥改成双层桥。

大型桥梁总是有多种用途。由于它们被设计用来承载最重的荷载,所以也可承载相对来说重量可忽略不计的路人和骑行者。一些桥梁本身极具标志性,人们在桥上行走或者蹦极已经成为一种时尚追求。

公路交通

在美国,为了丰富公路交通网,建造了成千上万的桥梁。其中最著名的是位于西海岸的钢筋混凝土上承式拱桥——比克斯比河大桥(1932年)。

桥梁的用途·步行桥

空间联系

千禧步行桥（2000年）将伦敦的圣保罗大教堂和泰晤士南岸联系起来。这座高科技的水平悬索桥改变了河两岸的城市空间。

最古老的桥梁是为步行设计的，然而，步行桥的原始起源掩盖了它的复杂程度。最近几年，城市规划和城市设计开始摆脱几十年来汽车的主导地位，而提倡更为环保和人性化的步行和骑行优先的方式，步行桥得到了复兴。步行桥可以提升城市景观的作用已在世界范围内被广泛认可，并产生了桥梁设计方面的、各种具有创新性和挑战性的解决方案。

浪漫

不受其他交通方式的阻碍，步行桥是一处宁静、浪漫、适合沉思的地方，在步行桥上，行人可以将城市和周围环境一览无余。世界上很少有桥梁能像安东尼·庞特设计的威尼斯里阿尔托桥那样因浪漫而闻名。

城市更新

商人桥（1996年）位于曼彻斯特的卡斯菲尔德商业广场区，是城市更新的一个组成部分。设计以形成一个醒目且个性的建筑物来改变这个城市中先前被忽视的部分为目的。由 Whitby & Bird 设计公司提出的与众不同的解决方案是用重达 85t 的钢结构建造镰刀形拱来支承弯曲的桥面。

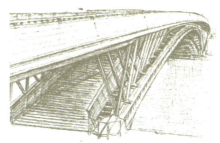

设计创新

相对来说，步行桥规模较小、更符合自然的特性为设计创新提供了更多的机会。巴黎的钢结构单拱步行桥利奥波得 - 赛达 - 桑戈尔桥（1999年）设计了独特的错层式桥面，人们可以直接在主拱桥上行走，也可以在拱支承的上层桥面上行走。

桥梁的用途·输送水

运输

自18世纪以来,水道桥促进了贸易发展,至今仍用于运输原材料。目前,世界上最长的可通航的水道桥是德国的马格德堡水桥(2003年),长度接近1km。

输送水的桥称为水道桥——这个名字揭示了它最基本的作用。罗马人将拉丁词汇aqua(水)和ductus(引导)结合起来,定义了水道桥,并被人们持续使用长达数千年。最早的水道桥用于灌溉,但随着城市发展和贸易增加,人们对水的需求不仅仅是为了种植农作物。罗马人是出色的水道桥建造专家,他们用水道桥把干净的水输送到城市里供人们饮用和清洗。现代水道桥主要用于运输,在第一次工业革命时期,它们用于连接运河网络。

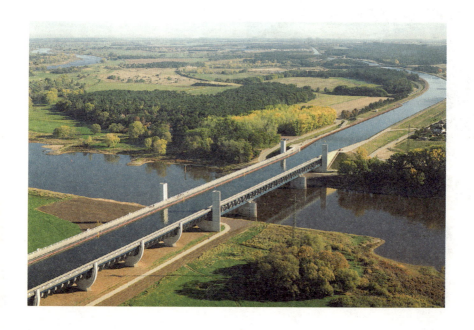

嘉德水道桥，尼姆市，法国（上图）

罗马人是最多产的水道桥建造者，他们的工程建造技术在 1000 多年的时间里无人能及。罗马最著名的水道桥之一是法国南部的嘉德水道桥，它曾经服务于尼姆市，有 3 层拱的独特造型，高 48m，长 275m。

克劳狄水道桥，罗马（下图）

没有哪个罗马城市能消耗比罗马城更多的水，罗马城位于帝国的核心位置，城内有数千个浴场。为了满足人们的需求，克劳狄一世命令建造著名的石拱式克劳狄水道桥，为罗马的 14 个区供水。

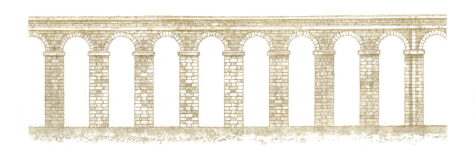

工业（右图）

运河对第一次工业革命来说必不可少。在设计运河系统的同时，工程师也设计运河桥来绕开已有的障碍。位于英国约克郡的斯坦利渡口桥（1839 年）连接了亚尔和考尔德航道，是当时世界上最长的铸铁运河桥。

桥梁的用途·车辆运载

盘浦大桥

位于韩国首尔横跨汉江的盘浦大桥（1982年），建造在另一座公路桥梁——潜水大桥的上方。为了凸显这座双层桥，首尔市政府沿着桥身设置了月光彩虹喷泉。

直到19世纪，大部分桥梁只能承载行人和马车。随着蒸汽机和之后内燃机的出现，车辆呈指数增长，为了承载现代交通工具，桥梁变得规模更大并且结构更坚固。在20世纪，绝大多数的桥被设计用来适应车辆运输。这些桥有各种规模和造型。一些小型结构使已有的交通网络得到改善，另一些比较大型的结构创建了全新的交通网络，每年运载数百万的车辆跨越山谷、港湾甚至海洋。

公路桥梁（右图）

从 19 世纪后半叶美国开始向西部发展以来，桥梁建筑成为日益扩展的公路网络的重要组成部分。位于美国西海岸的比克斯比河大桥（1932 年）就是无数座建造于美国公路建设兴盛时期的桥梁之一。

耗资巨大（左图）

位于委内瑞拉的拉斐尔·乌达内塔大桥（1962 年）长达 8.5km，它包括斜拉桥的主桥部分和预应力混凝土梁的引桥部分，是过去 50 年来公路基础建设中耗资巨大的一个案例。

六甲大桥（上图）

在日本神户，217m 长的钢结构系杆拱桥六甲大桥（1993 年）是繁忙高速公路的组成部分，也是设计成承载大流量城市交通的双层桥的一个案例。

桥梁的用途·铁路

格伦芬南高架桥

位于苏格兰的格伦芬南高架桥（1901年）是世界上第一座全混凝土结构的铁路桥。它是罗伯特·麦卡尔平爵士设计的，用不含钢筋的素混凝土建成了21个半圆拱。

随着铁路的出现，需要设计新的建造方法来承载前所未有的荷载。最初的铁路不装载乘客只装载货物，例如煤等。现存最古老的铁路桥是英国杜伦郡的考西拱桥（1727年），它是泥瓦匠拉尔夫·伍德建造的石拱铁路桥。从那时开始，全世界都在使用各种建造方法建造铁路桥，以承载更重的荷载和输送更远的距离。

德尔加尔达高架桥

高架桥是用于承载火车的最著名的结构之一。位于意大利的德尔加尔达铁路线上的石尖拱高架桥建造于 1852 年,但在第二次世界大战的空袭中被毁坏。

加拉比高架桥

法国的加拉比高架桥(1884 年)是由 19 世纪最著名的工程师之一古斯塔夫·埃菲尔设计的。以跨越特鲁埃河的 165m 的钢桁架拱为主体,铁路桥的总长超过 500m。桁架的使用是为了减小风的阻力。

桂河大桥

连接泰国和缅甸的桂河大桥是第二次世界大战期间完成的伟大的工程案例之一。这座桥通过皮埃尔·布尔的小说《桂河大桥》被人们熟知,该小说在 1957 年被改编为电影。

桥梁的用途·军事

贝雷桥
英国的贝雷桥设计于第二次世界大战期间。为了躲避炮火的袭击，大桥的钢桁架是可移动的，可由人工快速搭建。

专门为军事目的设计和建造的桥梁是一种特殊的类型。与其他类型不同，它们必须能够简单快速地建造、拆解，并且能够运输。军事桥梁已经使用了数千年，经常在战略上起到至关重要的作用。最早的军事桥梁是浮桥，桥面由有浮力的板材连接组成。如今，伴随着不同重量和尺寸的现代军事装备的出现，对军事桥梁也提出了更高的要求。

模块化设计（上图）

长度为 3m 的模块从形成桥梁侧面的格构桁架获得强度，每个格构桁架重 260kg，需要 6 名成年男子共同架设。在当今的和平年代，贝雷桥仍正常使用，甚至作为永久性建筑使用。这个事实说明了贝雷桥经久耐用。

专业的桥梁（上图）

现代军队配备了各种各样的工具，可以搭建桥梁或者执行桥梁的功能。这座由轻质合金制成的桥梁宽 3.5m，长 20m，可以在中部折叠并用坦克运输。

浮桥（下图和右图）

浮桥是军事桥梁设计中最古老、最经典的案例。一系列用船、气囊和竹子等天然材料做成的浮动板块支承着轻质桥面。一些交叉支承件提供足够的结构刚度，以防止桥被湍急的水流冲走。

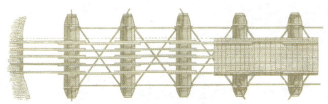

ENGINEERS
桥梁设计师·综述

　　大多数桥梁很少被人们注意到，更不用说那些桥梁的设计者。无数设计桥梁并督促桥梁建造过程的设计师总是被人们遗忘，而桥梁却获得了赞誉，甚至成就一番新事业。几个世纪以来，伟大的桥梁设计师促进了贸易和社会变革，增进了地区经济交流，拓展了当地城市领域。

　　在最近两个世纪，一些多产且有才华的桥梁设计师充分利用了材料和建造技术方面始无前例的发展优势。按照惯例，大多数著名的桥梁设计师是工

程师，但也经常是建筑师、艺术家甚至是雕塑家。这些人的共同点是都有设计实用而高效的桥梁的天赋，并在整个建造过程中鼓舞、激励使用者和观赏者。

接下来介绍众多有影响力的桥梁设计师中有代表性的几位，他们的作品，不仅改变和改善了我们生活的世界，而且激励了一代代专业人士和大众投身于桥梁建设事业。

维多利亚时代的工程师
大多数工程师都不像伊桑巴德·金德姆·布鲁内尔那样与桥梁设计的发展密不可分。下图是他设计的皇家阿尔伯特铁路桥（1854—1859年），该桥用锻铁建成，由架在石砌桥墩上的两个鱼腹式桁架支承。

桥梁设计师·伊桑巴德·金德姆·布鲁内尔

在英国,没有任何人像伊桑巴德·金德姆·布鲁内尔(1806—1859 年)那样为土木工程做出如此卓越的贡献。他的作品不胜枚举,包括隧道、桥梁、船、建筑和铁路。布鲁内尔的第一次工程经历是他的工程师父亲马克·伊桑巴德·布鲁内尔的泰晤士河隧道建造项目。布鲁内尔的职业作品以连接伦敦和布里斯托尔的大西部铁路为主要代表。他也设计了横渡大西洋的船舶,包括第一艘金属、由发动机驱动和使用螺旋桨推进器的蒸汽船——大不列颠号(1843 年)。

切普斯托

设计英国切普斯托的怀河上跨度为 92m 的铁路桥时,布鲁内尔采取了经济设计,使用弯曲管状梁支承铁索连接的刚性铁桥面。他的创新之处在于为更大型和复杂的皇家阿尔伯特铁路桥提供了设计原型。

霍恩克利夫高架桥

布鲁内尔早期为大西部铁路设计的桥梁之一是长 270m 的霍恩克利夫高架桥,该桥位于伦敦西部的汉威尔和绍索尔之间。这座砖砌桥梁包括 8 个支承在空心锥形桥墩上的半椭圆拱。

亨格福德桥（上图）

亨格福德桥是跨越伦敦泰晤士河的一座悬索人行铁桥。该桥在1859年被东南部铁路公司收购，因建造查令十字车站而被拆除。新的铁路桥利用了布鲁内尔的砖砌桥墩，并且桥的铁索被再利用于布鲁内尔著名的克里夫顿悬索桥（见198页、199页）。

皇家阿尔伯特铁路桥（下图）

皇家阿尔伯特铁路桥（1854—1859年）是他玛河上连接德文郡和康沃尔郡的鱼腹式铁路桥。该桥的锻铁结构包括两个鱼腹式桁架（见47页），每个桁架长138m。这些桁架与石砌桥墩上的连续铁板梁引桥相连，使桥梁总长达到666m。

桥梁设计师·约翰·A. 罗夫林

布鲁克林大桥

约翰·A. 罗夫林设计的规模最大的桥梁是长486m的布鲁克林大桥。该桥建成时是当时世界上最长的悬索桥。1869年,罗夫林在一次勘查中被渡船压伤了脚,之后感染破伤风去世。他的儿子华盛顿·罗夫林接手了他的工作。但是后来,华盛顿由于长期在保持基础干燥的沉箱里工作,患上减压病而瘫痪。然后华盛顿的妻子艾米丽·沃伦·罗夫林接手了这个项目。

约翰·A. 罗夫林(1806—1869年)25岁之前在德国,在那里他学习和训练成为一名工程师。1831年,他前往美国,当了几年农民之后,他又成了一名工程师。他专攻之前在德国学到的悬索桥技术,并在他宾夕法尼亚的农场里制造出了钢缆。他设计的第一座悬索桥是水道桥,之后他继续设计了更大规模的桥梁。纽约东河上的布鲁克林大桥是他的巅峰之作。

尼亚加拉瀑布悬索桥（左图）

1851 年，罗夫林开始设计他的第一座大型悬索桥，即横跨尼亚加拉河，并作为纽约至加拿大新铁路线一部分的尼亚加拉瀑布悬索桥。这座跨度 251m 的悬索桥开创性地采用钢缆来支承双层桥面，其上层承载火车、下层承载汽车。

特拉华水道桥俯视图

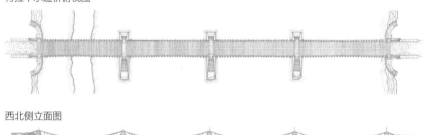

西北侧立面图

纽约　　　　　　　　　　　　　　　宾夕法尼亚

特拉华水道桥（上图）

1848 年，罗夫林为特拉华州和哈德逊运河设计了 4 座水道桥，这加深了他对悬索桥的理解。这座特殊的水道桥有 4 个独立的跨度，由 3 个桥墩支承。

约翰·A. 罗夫林悬索桥（下图）

1866 年建成的横跨俄亥俄河长达 322m 的辛辛那提 – 卡温顿大桥（之后重命名为约翰·A. 罗夫林悬索桥），是罗夫林设计的当时世界上最长的悬索桥，同时也是布鲁克林大桥的先驱。

桥梁设计师·罗伯特·马亚尔

萨尔基那山谷桥

萨尔基那山谷桥（1930年）展现了罗伯特·马亚尔对混凝土的创新性利用。他对混凝土特性的理解使他设计出的结构不仅形式美观、低价，而且可快速建造。

瑞士工程师罗伯特·马亚尔（1872—1940年）是第一个将混凝土美学和结构潜力完全融入桥梁设计的人。尽管就读于苏黎世联邦理工学院，但他是一个感性大于理性的工程师。混凝土在当时是一种尚不被人们了解的材料，罗伯特巧妙利用混凝土的能力是非常卓越的。施万巴赫桥和萨尔基那山谷桥（见128页、129页）是他最著名的前卫作品，影响了之后几代桥梁设计师。

希陶法赫桥

马亚尔最早设计的桥梁之一是位于瑞士苏黎世的希陶法赫桥（1899年）。这座桥看起来由石头砌成，实际上是由钢筋混凝土建成的，它将空心梁架在三铰拱上。这是马亚尔在完全掌握钢筋混凝土结构的自由与简化之前的早期作品。

波尔巴赫桥

马亚尔将桥面加劲拱板技术运用到波尔巴赫桥上。钢筋混凝土桥面位于由长条形桥墩支承的纤细板拱上方，桥墩的宽度和板拱、桥面的宽度相等。为对抗交通造成的离心力，通过改变板拱宽度设置了路面的倾斜曲线。

施万巴赫桥

马亚尔运用桥面加劲板拱技术最成功的案例是施万巴赫桥（1933年），在加劲桥面下的多边形拱厚度为200mm。与波尔巴赫桥一样，施万巴赫桥上的路面呈弧状，导致了桥拱的宽度从拱中心的4m变化到桥台处的6m。

桥梁设计师•圣地亚哥•卡拉特拉瓦

圣地亚哥•卡拉特拉瓦（生于1951年）的作品完美融合了工程学、建筑学和雕塑学。他著名的建筑作品包括桥梁、剧院、摩天大楼、学校和火车站，在20~21世纪改变并激发了公众对工程的欣赏。他的作品因与众不同和雕塑般的品质而著名。

耶路撒冷琴弦桥

卡拉特拉瓦在塞维利亚阿拉米略桥（1992年）的设计中首次采用单斜塔斜拉桥形式，这种设计形式已经成为他的标志之一。这种桥是标准斜拉桥的一种变体，索塔倾斜一定的角度，可以平衡桥梁荷载，这样就只需比原来更少的斜拉索来支承。卡拉特拉瓦在耶路撒冷琴弦桥（2005—2008年，承载电车、汽车和行人）上使用了悬臂梁，因为它有强烈的视觉冲击力。

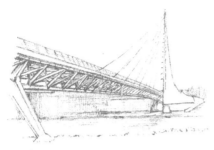 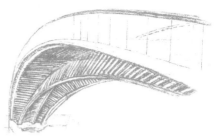

日晷桥

在加州雷丁萨克拉门托河上的日晷桥（2004年）项目中，卡拉特拉瓦把66m高的索塔设计成了日晷。在桥的北部设置了钟面广场。日晷桥长达213m的跨度用了14根斜拉索来支承，这些斜拉索由超过1000m的缆绳制成。

宪法桥

宪法桥（2007—2008年）是拱形桁架结构，由5个拱形构件组成，分别是位于中部的一个拱、下部的两个拱和两边的两个拱。桥的跨度为80m，构件用钢管和钢板连接，形成雕塑般的肋状结构，支承着桥上用石头和玻璃建成的台阶（见154页、155页）。

塞缪尔·贝克特桥

卡拉特拉瓦在都柏林的塞缪尔·贝克特桥（2009年）设计项目中，改进了单斜塔斜拉桥形式，他采用了两侧都有斜拉索支承的弧形管状钢索塔。这座公路和人行桥可以90°旋转，允许都柏林利菲河上的船只通过。虽说这座桥的设计初衷是成为一个现代地标，但它的形态也让人联想到传统的爱尔兰竖琴。

桥梁设计师·古斯塔夫·埃菲尔

古斯塔夫·埃菲尔（1832—1923年）从著名的巴黎中央工艺制造学院毕业后，成为法国最著名的工程师。他设计了一系列开创性的建筑物，其中最著名的是他在1889年为巴黎世界博览会设计的以他名字命名的埃菲尔铁塔。虽然埃菲尔铁塔本来是一座临时性建筑物，但是它捕获了巴黎人的心，并成为城市最著名的标志。埃菲尔还设计了自由女神像（1886年）里面的支架，作为法国送给美国的礼物。

加拉比高架桥

横跨法国南部特吕耶尔河谷的加拉比高架桥超越了埃菲尔早期的作品。这座长565m的钢制桥梁以165m跨度的新月形拱为主体，高124m的桁架桥面置于拱上。加拉比高架桥是当时世界上最高的桥。

玛丽亚·皮亚大桥(左图)

葡萄牙的双铰新月形拱桥——玛丽亚·皮亚大桥(1877年)是埃菲尔的早期作品。玛丽亚·皮亚大桥的锻铁桁架桥面是拱顶的一部分,拱跨度为160m,是当时世界上跨度最长的大桥。埃菲尔是运用桁架的先驱,他利用了桁架比实心梁更能减小风阻的优点。

兹雷尼亚宁大桥(右图)

位于塞尔维亚兹雷尼亚宁市贝盖尹河上的大桥采用了小型钢桁架。埃菲尔把这座桥设计成了允许河面交通在下方通过的可升降式。这座桥在1969年被移走,正在计划重建。

屈布扎克莱蓬特大桥(左图)

法国南部的屈布扎克莱蓬特大桥(1883年)由一系列箱形桁架构成,它由石基座上的7对交叉支承的圆柱形锻铁桥墩支承,引桥建在带有纵向尖拱结构的石质高架桥上。该桥长达550m,重量超过3000t。

桥梁设计师·本杰明·贝克

合作伙伴

为 W. 威尔逊工作之后,贝克加入了约翰·富勒的团队,在 1875 年他们开始合作。他们共同参与了世界上第一个城市铁路网——伦敦大都会铁路的设计建造以及苏格兰的福斯铁路桥的设计建造。

作为一名年轻工程师,本杰明·贝克曾在著名的尼思修道院钢铁厂做学徒,之后他成了一位多产的作家和博学的工程老师,后来成了维多利亚时代最伟大的工程师之一。1860 年开始,在为第一条地铁线工作之前,他作为 W. 威尔逊的助手,参与了维多利亚车站和维多利亚大桥的建造。他的工程项目遍布全球,包括伦敦地铁隧道、纽约哈德逊河隧道和埃及阿斯旺水坝。福斯铁路桥让他名声大噪。

方案被采纳

1873年,福斯桥梁公司成立,承接了一个由曾设计建造泰河铁路桥的工程师托马斯·鲍奇爵士设计的悬索桥项目。然而不幸的是,泰河铁路桥于1877年倒塌,同时也摧毁了公众对鲍奇的信心。因此,鲍奇的悬索桥项目被中止。之后,富勒和贝克提出的由3个巨大的双悬臂组成的钢悬臂和中心主梁的设计方案最终被采纳。

建造

这座桥的双悬臂由6500t钢制成(这是第一次在桥梁上使用如此多钢材),它支承在花岗岩桥墩和铁沉箱上。它们由短的悬挂桁架连接,构成的两个主跨长度超过500m,在1917年之前,这是世界上最长的主跨。

PART TWO
第二部分　分析桥梁

BEAM BRIDGES
梁式桥梁·综述

梁式桥梁是两端用桥墩支承一个水平构件（梁或桁架梁）而组成的一种结构。在梁上移动的物体的重量（即活荷载）与梁本身的重量（即恒荷载）一起构成了垂直力，垂直力通过梁结构传递，并由桥墩支承。梁承受垂直力的能力可以由高跨比来直观判断。高跨比是指主梁弯矩最大处的梁高与桥墩之间的跨度的比值。如果跨度过大而梁高过小，梁就可能会断裂。

梁式桥梁有两种类型：简支梁桥和连续梁桥。简支梁桥是一个单梁结构，两端各有一个桥墩支承，是基本的类型。而连续梁桥中的梁结构连续地支承在几个桥墩上。连续梁桥的梁截面高度可以有所减小，因为它通过在桥墩支点处横截面产生负弯矩并同时在跨中产生正弯矩而提高了效率。梁式桥梁是世界上最长的桥梁类型之一。

尼特罗伊大桥

位于巴西里约热内卢的尼特罗伊大桥始建于1968年，其长度超过13km，1974年完成时是当时世界上第二长的大桥。

梁式桥梁·安平桥

安平桥位于中国福建省,建于 12 世纪 30 年代,是一座古老的梁式桥梁。全长 2255m,宽 3~4m,几个世纪里都是世界上最长的梁式桥梁,也一直是中国最长的石桥。桥的每一段都是由 6 根石梁一根接一根地铺设而成,并在两端各由一个石砌桥墩支承。桥上曾经筑有 3 座亭子和大型的雕像。

耐久性

尽管安平桥年代久远,但它仍在使用,被当地的工匠很好地维护着。

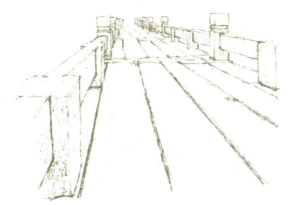

梁

构成桥面的石梁为矩形梁,其截面高度足以支承它 25t 的自重。每根梁的重量表明该结构的效率低下,因为其大部分结构承载力用在了支承它自身的重量上而不是活荷载上。

栏杆

一排石砌栏杆沿着整座桥排成一线。每段桥面的栏杆都由三部分组成,注意看,最大的、承重的花岗岩柱矗立在每个桥墩上梁与梁中间的位置,而每两个花岗岩柱中间各有两个稍短的中间柱。

桥墩

沿着整座桥总共分布有 331 个桥墩。这些桥墩可以分成约三种不同的类型。有些是矩形平面,有些被稍微做成流线型,而其他的与船的形状相似,两端完全是流线型,以减小河水的阻力。所有的桥墩都是由几层石梁垂直排列组成的。

第二部分　分析桥梁　　099

梁式桥梁·布列坦尼亚桥

梁被取代

这张布列坦尼亚桥的照片是在 1970 年桥被管状梁内的大火毁坏之前所拍摄的。后来桁架拱取代了管状梁，结构得以加强。

布列坦尼亚桥（1850 年）横跨北威尔士和安格尔西岛之间的麦奈海峡。它是罗伯特·斯蒂芬森（1803—1859 年）设计建造的一项革命性的工程。他采用了激进的、使用锻铁箱槽的公路桥设计方案。斯蒂芬森通过封闭这些箱槽，形成一个强大的管状梁，铁路轨道可以从中穿过。一系列的主梁均由石砌桥墩支承，但 1970 年的一场大火削弱了桥的结构，重建时将管状梁换成了桁架拱。

管状梁

管状梁的设计与建造对桥梁的强度至关重要。每一段都是用锻铁板制成,顶面和底面再与小些的箱体铆接在一起,以提供额外的强度和刚度,火车可以在梁中行驶。

梁体吊装

桥梁建造的条件之一是不影响下方航道。建造梁式桥梁可以将桥墩独立建设,然后用液压千斤顶将每一部分梁体吊装到相应位置上即可,这个过程总共用了 17 天。

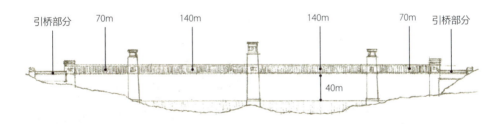

桥长

这座桥有两个 140m 长的主跨,主梁比以往建造的桥的梁都长得多。主跨的重量超过 1500t,由高大的石砌桥墩支承,桥的净高有 40m。

两个稍短的跨段为 70m 长,将桥与陆地连接。桥的总长度,包括稍短一些的引桥部分在内为 460m。

梁式桥梁·泰河铁路桥

桥墩

泰河铁路桥的拱形引桥矗立在坚固的砖石桥墩上,而支承桁架梁的桥墩是混凝土圆拱,两个桥墩在底部通过一根水平梁连接。

之前的泰河铁路桥于1878年完工,使用了由网格状的铸件和锻铁建造的简支桁架梁结构。1879年大桥在一场暴风雨中坍塌,导致了英国维多利亚时期最大的铁路灾难,75名乘客和工作人员全部丧生。新桥于1887年开始建设,使用了两种不同类型的简支梁:一种是铁轨在上方的矩形梁,另一种是铁轨在拱形之间通过的拱形梁。

各种各样的桁架（上图）

与引桥在桥面下方设置格构桁架不同，桥的中心部分由设置在桥面上方的弓弦桁架构成，两端直接由桥墩支承。这种布置通过增加桥墩之间的距离以及桥面距水面的高度从而增加净空，以适应航道。

桁架梁（下图）

在与桥的中间部分连接的引桥上，桥面支承在4个平行的钢制格构桁架上。这些桁架通过交叉支承固定，它们的两端坐落在铸铁的隔板上，隔板将荷载向下传递到两个桥墩上。

接缝（上图）

单独的部件被铆接在一起形成了格栅结构。连接对角线交叉点的小型垂直部件进一步加固了桁架。位于桥墩上方的是梁与梁之间的伸缩缝，说明这是一个简支梁结构而不是连续梁结构。

梁式桥梁·庞恰特雷恩湖桥

在超长桥上使用简支梁的经济性在美国路易斯安那州 38km 长的庞恰特雷恩湖桥（北行与南行）上得到了充分说明，该桥一座建于 1956 年，另一座建于 1969 年。除了中间允许通过的活动桥部分外，两座桥全部使用简支于混凝土桥墩之上的预应力钢筋混凝土梁建成。每根梁都是预制好后用驳船运送到现场的，再由水上起重机吊装到桥墩之上。

预制

在建造如此之长的大桥中使用预制钢筋混凝土梁有效地减少了建造时间和成本，因为每根梁都可以在工地之外制造，然后在现场迅速地安装，相对容易且经济。

伸缩缝

由于有如此多的梁首尾相连地铺置，所以有必要在它们之间留一个小的缝隙来允许结构的膨胀和收缩。每根梁的一端都被牢固地固定在一根支承在桥墩上的正交横梁上，另一端则可以在跨度方向上自由地膨胀。

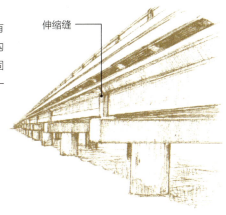

桥墩

两座桥总共使用了超过 9500 个钢筋混凝土桥墩。除了在通往桥的中间部分的过渡段上稍高一些的桥墩，为了增加结构的强度 3 个一组排列以外，其他桥墩均成对地排列。每孔桥梁由一对桥墩支承 7 根主梁。

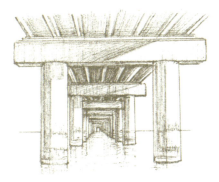

通道

跨越宽阔水道的较长的桥很少在整个水面宽度上都满足通航净空，因为这对航运来说既没有必要也不经济。因此，很多跨越水面的较长的桥在低处采用可上升或移动的部分来提供一个通道，使较大的船舶可以通过。为此，庞恰特雷恩湖桥的中间有一个可升起的活动结构（见 49 页竖旋桥）。

第二部分　分析桥梁

梁式桥梁·切萨皮克湾大桥

混合结构

切萨皮克湾大桥包括三种类型的结构系统:钢筋混凝土梁、高水平驼背式钢桁架梁和隧道系统。

跨越美国弗吉尼亚州、长28km的切萨皮克湾大桥,在1964年建成时是当时世界上最复杂的桥梁隧道系统之一。桥的主体部分由一段975m长的悬索桥和与之相连接的高水平驼背式钢桁架梁构成。系统中还有两段1.5km长的隧道部分。桥的大部分是由置于支架式桥墩上的高水平驼背式钢桁架梁和钢筋混凝土梁构成的。

桥梁隧道纵断面图　　浅滩隧道　　切萨皮克海底隧道

海岸之间 28.3km

桥梁纵断面

桥梁的 4 个独立部分通过隧道和人工岛连接在一起，再加上引道，使得整个桥梁和隧道系统有 37km 长。整座桥岸到岸的长度是 28.3km。

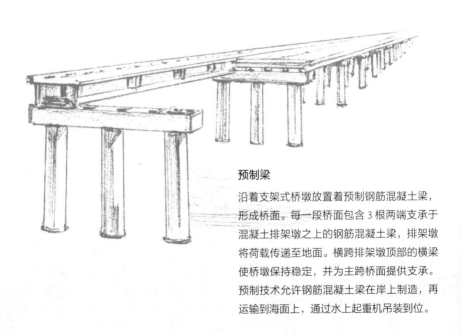

预制梁

沿着支架式桥墩放置着预制钢筋混凝土梁，形成桥面。每一段桥面包含 3 根两端支承于混凝土排架墩之上的钢筋混凝土梁，排架墩将荷载传递至地面。横跨排架墩顶部的横梁使桥墩保持稳定，并为主跨桥面提供支承。预制技术允许钢筋混凝土梁在岸上制造，再运输到海面上，通过水上起重机吊装到位。

梁式桥梁·梅特拉克大桥

外伸式桥面

梅特拉克大桥的公路桥面超出主梁的边缘之外,悬出部分由从梁的侧面伸出的悬臂支架支承。铁路桥面向外延伸得不太明显。

横跨墨西哥梅特拉克河的公路桥和铁路桥展示了两种不同类型的连续梁。128m 高的钢制公路桥是在 1972 年建设开通的。它使用了连续钢梁,支承在一系列的混凝土桥墩上,承载了 4 个车道的交通。两个桥墩之间的最长跨度是 122m。131m 高的双轨铁路桥开通于 1984 年,桥面是混凝土箱形截面,5 个桥墩之间的最长跨度为 90m。

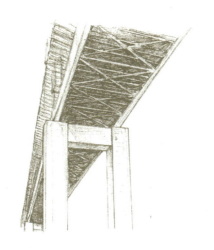

梁和桥墩（左图）

铁路桥的窄梁支承在单个桥墩之上。宽一些的公路桥的桥墩则成对布置，桥墩顶部由横梁连接。荷载通过构成桥梁侧面的钢梁直接传递至每一个桥墩。通过略微增厚工字梁与桥墩接触的下翼缘板，可以对主梁的底部进行加固。

连续梁（右图）

铁路桥的桥面是一根混凝土连续梁。桥墩向底部延伸成锥形，并且是最先建造的，然后每一根梁都以平衡悬臂的方式施工，最后在跨度中心位置合拢。

钢梁（左图）

钢梁的高度由支承桥墩之间的跨度决定。这种钢连续梁都是单独制造然后焊接到一起，并在内部通过水平支承杆件来加固。水平和横向的支承杆件可以增加钢梁的稳定性。

ARCH BRIDGES
拱式桥梁·综述

作用在拱上的垂直力通过拱传递到两边的桥墩上。桥梁的强度取决于拱的形状和桥台承受垂直力和水平推力的能力。无论是尖拱、半圆拱还是平圆拱，所有形状的传统拱都具有通过弧线断面或者阶梯形断面将垂直力传递到桥台的基本功能。拱式桥梁有不同类型，包括：上承式拱桥，将水平桥面直接支承于拱体之上；下承式拱桥，将桥台之间的水平桥面悬挂于拱体上进行支承；中承式拱桥，运用了相

似的原理,但在此情况下桥面在桥台之上并从拱形中穿过;系杆拱桥完全不依赖桥台去承受拱上的水平力,而是将这些力转化成与拱连接在一起的桥面所承受的拉力,就像弓通过系在两端的弓弦保持其形状一样。与其他类型的拱桥不同,系杆拱桥保持着独立于桥台的自身结构。

嘉德水道桥
注意一下法国嘉德水道桥的支承柱是如何从顶部到底部垂直对齐的。为了保持对齐,大拱中最宽的一个上面有4个小拱,而其他大拱的上面各有3个小拱。

拱式桥梁·阿尔坎塔拉桥

楔形拱石

注意西班牙阿尔坎塔拉桥的每一个半圆拱中的楔形拱石是如何径向排列的,与结构中其他部分所使用的水平排列的石层形成鲜明的对比。

阿尔坎塔拉桥建于罗马皇帝图拉真统治时期,跨越西班牙塔霍河。大桥中间的拱券上题写着这样一句话:"我建造了一座将永远存在的桥。"尽管在近几个世纪发生了一些破坏事件,但图拉真雄心勃勃的话语被证明是正确的。该桥建成于106年,是由6个圆拱(其中3个拱跨越河流)组成的石拱桥,它已经屹立了近2000年。

流线型

在水流中央支承着拱的石砌桥墩必须是坚固的。当河流泛滥时,为了减小阻力,每一个桥墩面对上游的面都被制成了流线型,而面对下游的面并没有制成流线型。这些桥墩的流线型外形一直延伸至桥的整个高度,以保证桥梁两侧的横向刚度。

凯旋门

在桥的中央矗立着一座小的凯旋门。这个较小的侧拱两侧立在为结构提供侧向刚度的桥墩上,并通过桥墩将力传递至石制地基上。

对称性

6个半圆拱是对称建造的。最外面的拱是最小的,接着是两个中等大小的拱,桥的中间是横跨河流的两个最大的拱。

拱式桥梁·赵州桥

装饰

传统的中国桥梁常常装饰有图案或小亭子。在这里,华丽的石栏板上有栩栩如生的浮雕。

中国河北省的赵州桥建于595—605年,是世界上最早的敞肩石拱桥。它的桥身宽9m、长50m,是一个跨度为37m的平圆拱。赵州桥的轻量化设计在当时是非常出色的。圆弧拱和敞肩设计通过减少石材用量降低了桥的恒荷载,从而减小了桥台大小以及对拱的作用力。石灰石和铁燕尾榫的混合使用也非常具有创新性。

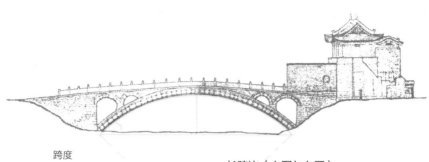

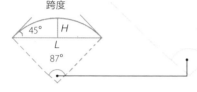

长跨比（上图与左图）

赵州桥的拱的圆心角约为87°，半径为27m。圆弧拱使得桥的长跨比约为1∶1，半圆拱需要更多材料来实现桥面的陡峭上升，与之相比，圆弧拱减轻了桥的重量。从桥的侧立面就可以看出，为了在纤细的拱上方修建桥面，小石头不可或缺。

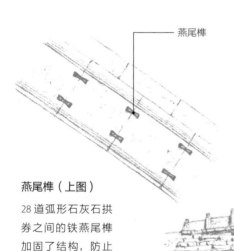

敞肩（下图）

赵州桥采取了中间大拱两侧加两个小拱的敞肩设计，它减轻了约700t的桥重，确保桥不会被自重压垮，也有助于泄洪。

燕尾榫（上图）

28道弧形石灰石拱券之间的铁燕尾榫加固了结构，防止拱券相互分离。

拱式桥梁·卢沟桥

卢沟晓月

卢沟桥横跨在永定河上,古时卢沟晓月是著名的景观,后因缺水而多年未见。

中国的卢沟桥始建于12世纪,重建于1698年,在中国以外被称为马可波罗桥,因为据说这位著名的威尼斯旅行家曾高度赞扬过这座桥。它长266m、宽9m,由岸上到拱座之间10个石桥台上的11个平圆拱组成。沿着桥面排成一线的望柱顶端坐着雕刻的狮子。

平圆拱

平圆拱有一条弧线,这条弧线只是半圆的一部分。卢沟桥有 11 个由楔形拱石构成的平圆拱,同时,这些拱石将压力转移到桥墩上。各个拱之间的拱肩由水平层叠的薄石构成。

拱心石

流线型桥墩

在桥的上游侧,桥墩被设计为流线型,以减小桥下流过的河水对桥墩的冲击力。铁栏杆也被安装到桥墩顶部,以保护那些石雕免受水和冰的侵袭。

装饰

在 280 根望柱顶端,雕刻着很多只狮子,狮子的具体数量大概至今都不为人所知,据某处记载为 482~496 只。这些石狮子形态各异,同时,它们的姿势又代表了被建造的年代。

第二部分　分析桥梁

拱式桥梁·西班牙魔鬼桥

重建

以罗马技术修建并且留存了 7 个世纪,从中世纪后期就横跨在略夫雷加特河上的魔鬼桥在 1939 年的西班牙内战中被毁。1965 年,这座桥以忠实于原设计的方式进行了重建。

这座桥从罗马时期起就横跨在西班牙加泰罗尼亚略夫雷加特河上。1283 年,中世纪的石匠们利用罗马技术建造了一座新桥。这座桥因有两种不同类型的拱而与众不同。最小的拱是一个窄窄的圆拱,在桥东部的拱肩,中拱和最大的拱是尖拱。魔鬼桥的形状反映了它的荷载,在主跨中心最薄处,受力最小,随着向边跨延伸,受力逐渐增大,边跨是由桥台支承的。

凯旋门（左图）

一座罗马凯旋门矗立在这座桥的东部。在整个罗马帝国，这种特征在重要的城市建筑上是很常见的。其他罗马遗迹也有具有这种特征的。

小教堂（右图）

在尖拱的顶端建有一座小教堂。石制半圆拱是这座桥的特点，具体表现在东部桥台上的凯旋门。拱的进深较浅以及小教堂的斜屋顶都在一定程度上减少了主拱上面的荷载。

尖拱（左图）

主拱的跨度超过 37m，它的尖拱形式反映了在建造时受到了哥特式建筑的影响。其他尖拱的跨度较小，为 19m。

拱式桥梁·维琪奥桥

生活桥

意大利维琪奥桥聚集着各种各样的商铺，从花店到制革作坊应有尽有。1593 年，桥上只允许珠宝商进入。现在人们居住在商铺上面的公寓里，这些公寓由悬垂在桥两侧的支柱支承。

与半圆拱相比，平圆拱与平拱的优点在于它们的高跨比更高效。1345 年，意大利佛罗伦萨，建筑师塔德奥·加迪用平圆拱代替罗马人以前偏爱的半圆拱，横跨意大利佛罗伦萨阿诺河在两个桥墩上建造了维琪奥桥。使用越少的桥墩对船只和河水的阻碍越少，因此也就越高效。桥面宽度为 32m，上面一直有商铺或街市摊位。从 16 世纪后半叶到 19 世纪前半叶，其他结构陆续地被加到桥上。

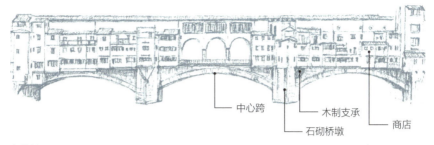

中心跨 — 木制支承 — 石砌桥墩 — 商店

高跨比

中心跨（30m）比其他外跨（27m）都要宽。拱升在 3.5m 与 4.4m 之间，使拱的高跨比约为 5:1，减少了跨过河所需桥墩的数量。这减小了桥对河水的阻碍，使桥对河道航行的影响最小。

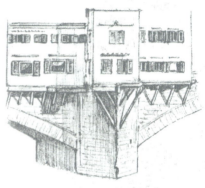

异形桥墩

每个桥墩的迎水面都被塑造成减小水流阻力的形状，以对抗洪水的侵袭。这座桥在 1966 年的一场洪水中几乎被毁，当时洪水席卷了很多建筑，但是没有淹没走廊。走廊中部的三个大窗户是由贝尼托·墨索里尼在 1939 年制造的。

拱式桥梁·普尔特尼桥

如画般的风景

英国普尔特尼桥是仅有的整座桥的两侧都有建筑物的4座桥梁之一。桥的南立面与它前面的3层瀑布一起形成了一幅如画般的风景。

位于巴斯中部埃文河上的普尔特尼桥（1773年），是英国对意大利文艺复兴的回应。受古典建筑重建的启发，本桥的设计师，苏格兰建筑师罗伯特·亚当设计了石拱桥来连接巴斯城与河对面当时未开发的地区。本桥通过两个流线型的桥墩支承3个半圆拱来跨越河流。

商铺（上图）

桥面向道路的两侧是一排小商铺。从桥最初建成以来这些建筑外观已经发生了很大的改变。

演变（上图）

亚当最初设计的普尔特尼桥仅持续了19年。1792年，为了适应商铺的扩张，桥的外观发生了改变。1799年，严重的洪水毁坏了此桥，桥因此需要大规模重建。随后的增量式发展使商铺从北立面向外延伸至悬臂支承上。其结果是，与南立面仍可见的最初的对称式设计形成对比，展现一种无序的外观。

城市规划（上图）

普尔特尼桥的建设是18世纪巴斯城大规模城市建设的重要组成部分。新城的大部分空间都是由名字同为约翰·伍德的父子建筑师沿用传统方法设计的。亚当在桥的最初设计中也使用了传统方法。

拱式桥梁·梅登黑德铁路桥

工程奇迹

布鲁内尔所设计的梅登黑德铁路桥由于两个主跨的宽度在当时是工程奇迹。从图中可以看到建在它之前的梅登黑德公路桥（1777年）的13个拱中的3个。

1838年，在英国伦敦西部的梅登黑德，作为英国大西部铁路总工程师的伊桑巴德·金德姆·布鲁内尔设计了当时世界上最长的平拱桥。大西部铁路公司的董事会并不确信这样的平拱结构能够保持站立，更不用说承受铁路的重载了。因此，他们坚持在建设期间把支承两个拱的木模板留在原位。据说布鲁内尔将木模板稍微调低了一点儿，使得它没有了结构功能，之后它很快就在一场洪水中被冲走了。从那以后，这座独特的砖桥一直屹立不倒。

一系列拱（左图）

整座桥由 8 个拱组成。两个平拱构成了跨越河流的主跨，两侧各有 3 个较小的圆拱。

拱宽（右图）

最初的设计可容纳两条布鲁内尔的宽轨距铁路，后来英国放弃了宽轨而采用了标准的窄轨距，这座桥被扩宽至可承载 4 条窄轨距铁道。

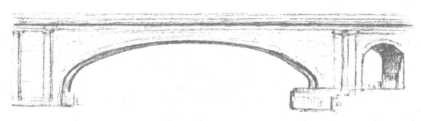

平拱（上图）

长长的平拱使桥梁仅用两个约 39m 的主跨就跨越了泰晤士河，从而避免了建造高拱可能在铁路线路中产生的陡坡。该桥的拱高约为 7m。

拱式桥梁·普卢加斯泰大桥

限行

在普卢加斯泰大桥附近，建造了一座新的斜拉桥（在这张照片的背景中可见），普卢加斯泰大桥现在仅供行人、非机动车与拖拉机通行使用。

横跨法国西北部埃洛恩河的普卢加斯泰大桥（1930 年），在 3 个大平圆拱的建造中使用了钢筋混凝土。该桥由土木工程师尤金·弗雷西奈设计，是双层大桥，可以同时承载机动车与火车。桁架部分是供火车通过的较低一层的桥面。主桥面由拱顶支承。其中一个拱在 1944 年被德国军队毁坏，不久后被重建并加宽。

数据统计

每一拱的跨度为 188m，拱高为 27m，高跨比约为 1:7。桥的总长度为 888m。

主桥面

5 根平行的钢筋混凝土梁沿着引桥支承桥的上层桥面。注意外部梁外侧与桥面之间的凸缘（脊状），它将荷载从外悬 9m 宽的桥面传递到梁上。

凸缘

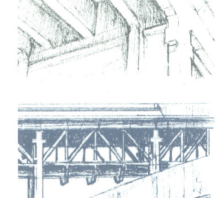

空心箱形拱

下层桥面的路径看上去被拱顶挡住了，但是事实上它从结构中穿过了，因为拱是中空的。空心箱形拱建设时使用了浮动脚手架。一旦混凝土随着固化获得了适当的强度，脚手架就可以被拆除。

双层桥面

在主桥面下方的一系列桁架构成了下方的第二层桥面。主桥面的混凝土结构与下方的钢桁架横跨在敞肩中垂直纤细的混凝土桥墩上，这些桥墩将荷载传递至拱。注意铁路桥面下方的横向支承，它使得桥墩之间变得更坚固。

第二部分　分析桥梁　*127*

拱式桥梁·萨尔基那山谷桥

经济性设计

罗伯特·马亚尔设计的萨尔基那山谷桥在竞赛中获奖,它的成功不是因为它美丽的外形,而是因为它的经济性。它是所有参赛桥梁作品中成本最低的设计。

罗伯特·马亚尔设计的跨越瑞士萨尔基那山谷长133m的桥(1930年)使用了钢筋混凝土,这是桥梁建设中的一场革命。该桥因它的钢筋混凝土桥面在90m的跨度上承受的重载所体现的经济性而闻名于世。混凝土铰链被嵌入桥基和拱顶,形成了一个三铰拱的结构。该桥有一些轻微的倾斜,在桥两端形成了约4m的高度差。

三铰拱(上图)

二铰拱或固定拱中心处的水平推力与弯矩难以确定,与它们相比三铰拱有更多优点。三铰拱结构能被精确地计算。它也能更好地适应在建设过程中或者全生命周期中由于膨胀、收缩或蠕变产生的位移。

结构强度(下图)

拱的各个构件反映了它的结构强度。拱在桥台处增加了宽度以将荷载消散至基础。墙体嵌入拱和桥面之间,其高度上增加至跨度的1/4,反映了弯矩的分布。支承桥面的、均匀分布的立柱由加固结构的细长板梁进行横向连接。

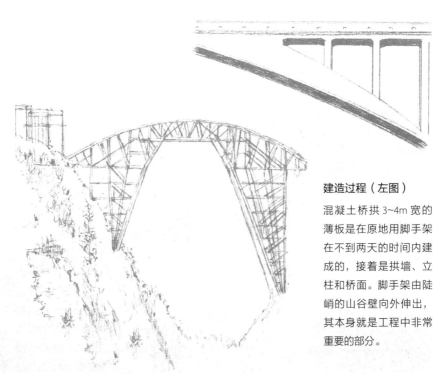

建造过程(左图)

混凝土桥拱 3~4m 宽的薄板是在原地用脚手架在不到两天的时间内建成的,接着是拱墙、立柱和桥面。脚手架由陡峭的山谷壁向外伸出,其本身就是工程中非常重要的部分。

拱式桥梁·悉尼港湾大桥

拱的厚度

悉尼港湾大桥拱的厚度各处不同,荷载最小的顶部为 18m,荷载最大的引道末段为 57m。

海拔 134m、跨度 503m 的悉尼港湾大桥(1932年)仍是目前世界上最高、最宽的钢拱桥之一。由 53000t 的钢和超过 600 万个铆钉组成的二铰拱结构由两个交叉支承连接的桁架拱构成。桥面由从每个桁架段上垂下来的吊杆悬挂在拱上。实际上桥面的宽度大于拱形结构的宽度,可承载 8 条机动车道、两条铁轨、一条非机动车道和一条人行道。

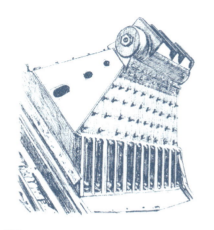

下承拱

桥面在桥台上方穿过拱,呈现下承拱的形式。注意混凝土外镶花岗岩的桥塔是如何与拱结构在地基之外脱离的,因此桥塔没有特别的结构功用。

桥台

地基被挖至 12.2m 的深度,挖出了 122000m³ 的石头,然后用高级混凝土填充,以支承整个结构的 4 个巨大的拱脚。每个拱脚 4.2m 宽、36cm 厚,可抵抗约 20000t 的推力。拱脚也是允许桥梁膨胀、收缩与旋转的铰链,可以改变桥梁的高度多达 18cm。

半拱施工

拱的每一侧都是用电动起重机从桥台建造起来的。为了防止半拱在施工过程中坍塌,它们被锚固在地上的 128 根钢索向后拉住。桥拱是普拉特桁架布置的一个例子,在 28 个桁架截面中每一个斜向构件都指向拱形的中心。

第二部分 分析桥梁 **131**

拱式桥梁·新河峡大桥

耐候性

新河峡大桥是使用科尔坦钢建造的，科尔坦钢是一种不需要涂漆的耐候钢。结果就是桥梁呈现自然生锈的着色效果，与桥梁所处的自然环境还挺协调的。

美国西弗吉尼亚州的新河峡大桥在 1977 年完工时，是当时世界上最长的单跨拱桥，也是最高的跨水拱桥。它是双钢桁架平圆拱桥，跨度 517m，高度 267m。桥拱支承着一个带有两个伸缩缝的连续桁架桥面，伸缩缝从桥台穿过桥台上方。支承桥面的钢墩是均匀分布的，从山谷两侧竖起并跨过桥拱。桥拱从两侧同时开始施工建设，每一侧都由钢束锚固，直至拱体在中间会合。

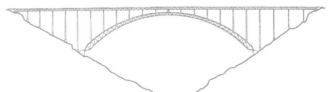

拱段长度

主拱的轮廓稍带锥度,荷载最大的基部较厚,荷载最小的顶部较薄。同样,钢镦也是从底部到顶部逐渐变细。由交叉支承所支承的钢镦每 3 个桁架段与拱相连接。注意这些拱段长度是如何变化的,以确保在整个桥的长度上各钢镦之间的距离是均等的。

桥梁基础

每个拱脚都包含一个钢铰接节点以允许由于荷载或钢的收缩所引起的旋转。注意结构是如何通过建造一系列的铆接钢板来加强与铰接节点的接合强度的。

上承式桁架

桥面由连续贯穿式华伦桁架梁构成,每 3 个桁架段由钢镦支承。桥面通过下面横向和纵向的交叉支承得以加固。

第二部分 分析桥梁

拱式桥梁·布劳克朗斯大桥

环境影响

选择在布劳克朗斯河上建造一座拱桥是为了尽量减少桥对周边自然环境的影响。岩石的谷壁对拱的支承是非常完美的。

南非布劳克朗斯河上高 216m 的布劳克朗斯大桥（1984 年）是当时非洲最高的单跨拱桥。跨度 272m 的钢筋混凝土上承式拱结构矗立在谷底之上 150m 高的谷壁上。成对的细长柱支承着 450m 长、16m 宽的混凝土桥面。拱在拱脚和拱顶处都没有铰链，是固定拱结构。拱顶与桥面之间的落差是目前世界上最高的（216m）。

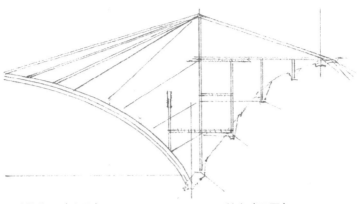

悬臂的施工（上图）

钢筋混凝土桥的施工采用的是悬臂施工法。每一个拱段都是从山谷的两侧以递增式建造的，并且通过钢索固定在基石上。一旦拱在中间会合，约束缆绳就会被移除。然后在拱上建造支承的细长柱与桥面。

敞肩（下图）

支承桥面的 46 根细长柱以 19m 的距离等距成对排列。细长柱有 3 种不同尺寸，尽管所有的细长柱都约为 2.5m 宽、1m 厚。这些几乎感觉不到的差异证明了设计者对设计效率的追求。

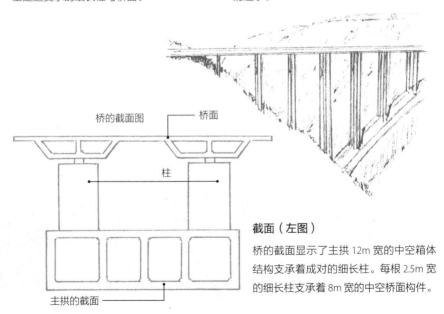

截面（左图）

桥的截面显示了主拱 12m 宽的中空箱体结构支承着成对的细长柱。每根 2.5m 宽的细长柱支承着 8m 宽的中空桥面构件。

拱式桥梁·朝天门长江大桥

弦杆
桁架的主要部件是弦杆，在弦杆之间排列着垂直构件和斜向构件。在这里上下弦杆是红色的。

跨越长江的朝天门长江大桥2009年建成于中国重庆市，建成时它是当时世界上最长的拱桥。它是中承式拱桥，主跨长552m，高142m，承载着双层桥面。桥的主跨是双铰钢桁架拱，支承着一对通过横向支承加固的钢制桥面。

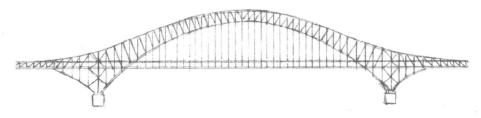

桁架拱（上图）

大桥较宽的上层桥面超出了拱的边缘。从桥面可以看到连续的钢桁架结构。注意当拱与地面相交时桁架的斜向构件是如何改变方向的。方向的改变维持了将荷载传递回支座的斜向构件的拉力。桁架的顶端与底部构件是由焊接的箱形钢制成的。

双层桥板（下图）

36.5m 宽的上层桥面承载着 6 条机动车道与分布于每一侧的两条人行道。29m 宽的下层桥面承载着两条铁路轨道和 4 条机动车道。上层桥面用纵向的 U 形肋来加固，而下层桥面由锥形钢柱悬挂在上层桥面上，下面用横向和斜向构件来支承。

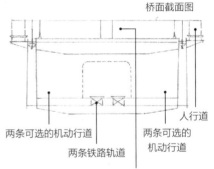

桥面截面图
人行道
两条可选的机动行道
两条铁路轨道
两条可选的机动行道
承载 6 条机动车道的上层桥面

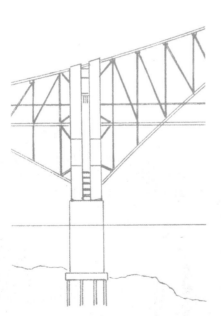

桥梁基础（左图）

注意，由于桁架是相连的，所以桥梁基础只需要承受竖向荷载。这与需要抵抗水平推力的一般拱式桥梁的桥台基础形成对比。

TRUSS BRIDGES

桁架桥梁・综述

桁架桥梁依赖三角形的固有强度，单个的构件承受压力、拉力或者两者兼有（尽管不是同时）。桁架的两个主要构件是两个弦杆（上弦杆和下弦杆），是桁架的外部构件，从桁架的一端延伸至另一端，通过一系列较小的垂直或斜向构件相连接，受压或受拉。桁架有很多种排列，可以在桥梁上形成许多不同的模式和外观，从简单的三角形结构到非常复

杂的网格结构。桁架的各构件组合成一个整体的结构框架，起到梁、拱或悬臂的作用，为桥梁提供支承。

因此，桁架桥梁可以简单如一个三角形般承载跨越溪流的人行桥，也可以复杂到像一系列悬臂构件一样承载跨越海洋的多层公路和铁路桥。

金斯顿－莱茵克利夫大桥

美国纽约的金斯顿－莱茵克利夫大桥包含了一系列不同的桁架类型，共形成10跨，承载着跨越哈德逊河的两条机动车道。

桁架桥梁·槽桥

水槽之桥

一根支柱立在槽桥结构的刚性节点上,也就是桁架的顶点与栏杆相交的地方,用来支承上层曾经用来运输水和石灰石到钢铁厂的水槽。

跨越威尔士塔夫河的槽桥建于1793年,是早期桁架桥梁的一个例子,也是世界上现存最古老的铁制铁路桥之一。该桥的建设是为了服务一家本地的钢铁厂,曾经由两层独立的桥面组成:地面层的铁路和上层的渡槽。长14m的桥面板是一个铸铁的、宽2m、高0.6m的中空箱体,两侧由与两个大型A形桁架相连接的3根横梁支承。每个桁架的顶点都在桥的跨度中间与栏杆的顶部相交。

A 形桁架（右图）

在与桥面底部相同高度的地方，A 形桁架中的水平受拉构件与两个斜向构件连接在一起，并用横梁插进桥面两侧用于支承桥面。在 A 形桁架中间的垂直构件延伸至栏杆以上，以固定支承渡槽的木制支架。

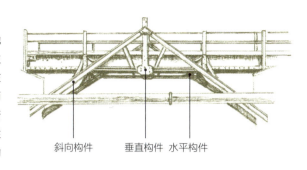

斜向构件　垂直构件　水平构件

铁中的木工艺（下图）

桥的设计者沃特金·乔治是一个技艺精湛的木匠，他把桥当作是木制的进行设计。锻铁构件中的榫卯与燕尾榫结构反映了他之前的职业经验。

桥台（上图）

谷壁用垂直的石砌桥台予以加固。这些桥台承受来自桥台顶部的桥面的垂直力，以及 A 形桁架中斜向构件的水平力。

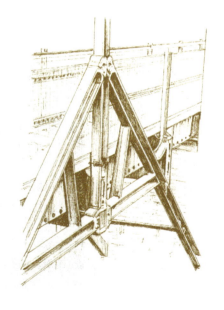

桁架桥梁·克勒兹河桥

格构桁架第一次取得专利是在 19 世纪早期。法国克勒兹河桥的高架铁路桥的桥面位于梁的顶部，梁的两侧由以 45°角铆接在一起的、密集的、平行排列的扁平锻铁构件建造。桥墩立在山谷底部的砌体基础上。整座桥长 338m，重量超过 2000t，其中包括 15t 的涂料。

连续梁

克勒兹河桥的高架铁路桥的桥面是连续的格构桁架梁。这从桥墩上方整个桁架没有接缝可以看出。连续桁架使梁高最小化，比简支跨更有效率。梁由 5 个桥墩和两侧的石砌桥台支承，其中一个桥墩包含 3 个圆拱。6 个跨中有 4 个长 50m，一个长 45m，另一个长 41m。

桥面、桥墩与栏杆

5m 高的格构桁架不仅形成了栏杆,也构成了跨度为 8m 宽的桥面。在桥墩支承处的高剪切力区域,两个垂直构件加强了桁架的强度。

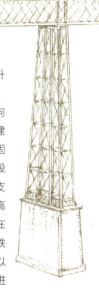

锥形桥墩

锥形锻铁桥墩从基础上升到桥面,截面积逐渐减小。锥度在垂直于桥跨的方向更加明显。桥墩是分段建造的,每一段由斜撑加固的水平段构成。注意各段之间螺栓法兰的细节。支承最高桥墩的砌体基础高 18m,桥梁高度是 56m。在与砌体基础连接处,锻铁桥墩在底部装有法兰,以作为螺栓套与砌体基础进行连接。

桁架桥梁·豪拉大桥

净空

豪拉大桥 30m 宽的桥面（两条 4m 宽的人行道中间是 22m 宽的机动车道）的水上净空为 9m。

桁架桥梁的桥面通常支承在桁架的上方、内部或是底部，但是印度加尔各答市胡格利河上的豪拉大桥的桥面是悬挂在巨大的悬臂桁架下方。它由铆接的钢构件构成，重达 20000t，包括 3 个主要部分：两个悬臂和一个悬挂的中间部分。这 3 个部分之间有接缝，以允许热胀冷缩。豪拉大桥的主跨为 457m，每一个悬臂部分的桥塔高为 83m。

桥面（下图）

桥面通过 39 对垂直的钢桁架构件悬挂在主结构的下弦杆上。与主悬臂构件相比，这些"吊杆"因为只受拉而不受压，可以相对细一些，不会发生弯曲。

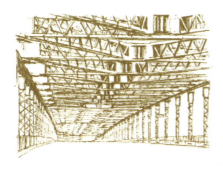

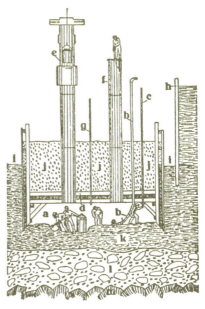

锚固臂（下图）

因为桥面悬挂在钢桁架下方，所以它在桥塔处到达地面，这样桥塔地面一侧的悬臂部分不需要承载桥面的荷载。注意，K 形桁架中的斜向构件与大阪港大桥（见 151 页）中的斜向构件方向相反，因此，底部的构件受压，顶部的构件受拉。底部斜向构件更进一步支承以抵抗屈曲力。

沉箱（上图）

豪拉大桥拥有世界上最大的陆基沉箱。沉箱是沉入河底的闸室，并用空气填充以创造一个工人挖土的空间。沉箱随着土壤的移除而下沉直至到达合适的基底。这座桥巨大的沉箱被挖至超过 29m 深，需要 500 人来维持沉箱内的压力以防止它被水填满。

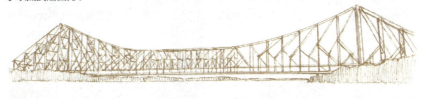

第二部分　分析桥梁　　145

桁架桥梁·金斯顿-莱茵克利夫大桥

沉箱

桥墩的建设始于1954年。地基是用沉箱建造的,在沉箱中将大尺寸的金属板放入河床以形成一个密闭的空间。将水抽出并注入混凝土以形成桥墩的基础。

起初试图建一座悬索桥,但哈德逊河畔的岩床不足以锚固住钢索,因此选择设计建造了一座由一系列上承式桁架所组成的桥。金斯顿-莱茵克利夫大桥开放于1957年,10m宽的两车道钢桁架桥梁共有10个跨度:中间4个跨度长约150m;两个主跨度长为244m;4个较小的跨度部分在陆地上。整座桥的长度为2.3km。

承重节点（右图）

主桥台之间的 9 个桥墩都是由成对交叉支承的锥形混凝土柱子组成的。每一个桥墩顶部的两个承重节点在桁架的外壁处支承桁架。其中 8 个桥墩矗立在河中深埋的地基上，1 个桥墩在陆地上。

航道（上图）

主航道的拱形剖面说明了它们的跨度更长一些。桁架在桥墩的顶部，也是剪切力最大的地方，这样的结构使桁架在桥墩的支承处的上方充当了悬臂梁。整个桥面都被支承在桁架的顶部。

细分华伦式桁架（下图）

桥的每一段都是用细分华伦式桁架建造的。有些部分是简支桁架梁，有些是悬臂桁架。在某些桥墩上方的各桁架段之间有接合节点，说明该桥不是整个长度上的连续桁架，允许各桥段之间移动。

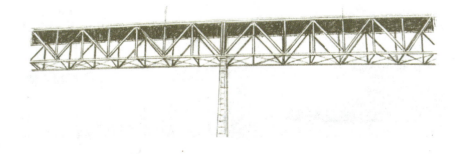

第二部分　分析桥梁

桁架桥梁·阿斯托利亚-梅格勒大桥

工程安全

阿斯托利亚-梅格勒大桥处在恶劣的自然条件下。该桁架桥梁的设计可以承受猛烈的海洋风暴,它的钢桥墩矗立在细长的混凝土基础上,以保护它们免受洪水从上游带来的碎片的影响。

位于美国华盛顿的 6.5km 长的阿斯托利亚-梅格勒大桥(1966 年),是北美最长的连续桁架桥梁。主要桁架的两端高度不同,在哥伦比亚河上形成一条最大净空 60m、跨度为 376m 的航道。引桥采用细分华伦式桁架梁。桥的主体部分是由低矮的简支预应力混凝土梁建造的。

驼背式桁架（上图）

整个桥梁由一系列不同的桁架结构组成。在华盛顿岸的一侧，这座桥是由 7 个简支细分华伦式、驼背式、下承式桁架组成的。驼背式桁架的名称来自其多边形上弦独特的驼背状外轮廓。

斜坡（下图）

与连续桁架连接的引桥是一个由 5 个混凝土桥墩支承的连续梁桁架。从高的连续桁架下降到低的由预应力混凝土梁制造的部分，引道段的陡坡需要一些水平约束，以将桥面固定在桥墩上。

锥形桥墩（右图）

K 形桁架组成的锥形桥墩为连续桁架提供横向与纵向的支承。锥形的尖角在混凝土基础上提供了一个宽支承基础，宽支承基础的刃形顶部支承着桁架的荷载并抵抗横向力，例如风荷载。刃形顶部使桁架能够围绕顶点旋转，以应对荷载以及膨胀或收缩运动。

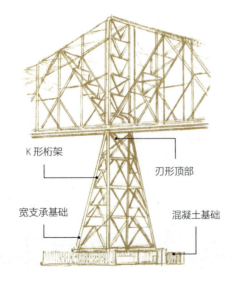

K 形桁架

刃形顶部

宽支承基础

混凝土基础

桁架桥梁·大阪港大桥

下承式桁架

22m 宽的双层桥面被置于桁架中间，位于上弦下方并与上弦平行。因此，大阪港大桥是一种下承式桁架桥梁。36000t 的结构在世界上最长悬臂式桥梁中名列前茅。

大阪港大桥是日本大阪一座双层桥面的钢悬臂下承式桁架桥梁。两个巨大的悬臂部分被锚固在海岸线的桥墩上，并延伸至水上，形成了长 510m、高 51m 的跨度。悬臂部分的结构是 K 形桁架，中间跨的悬挂式桁架部分演变成简单的普拉特桁架。悬臂桁架被认为是这座桥最合适的结构形式，因为地基的土质特征不足以支承一座拱桥的重量。

K形桁架（右图）

在悬臂中间部分的两侧，可以清楚地看到K形桁架部分。注意"K"的开口方向是朝向悬臂的。这意味着K形桁架中下面的支柱一直是受拉的，而上面的支柱一直是受压的。同时，注意K形桁架的中间部分是如何与桥的下层桥面保持同一高度的，随着桁架部分变窄，桁架高度逐渐降低，在桥的最窄的中间部分变成普拉特桁架（见144页豪拉大桥）。

非拱（上图）

从侧面看，大阪港大桥的两个悬臂部分显示出与拱相比可以达到更长的跨度，如果通过拱来实现，需要更大的结构。整座桥，包括桁架梁的引桥部分，长度为983m。

横向拉杆（上图）

横向的华伦式桁架将桥的两侧连接在一起，加强了结构并防止了扭曲。

第二部分　分析桥梁　**151**

桁架桥梁·生月大桥

可再生能源

生月大桥桥墩周围的水流流速很快,使之成为理想的产生可再生能源的地点。

生月大桥的主跨长 400m,是目前世界上最长的连续桁架桥梁。比生月大桥跨度更长的桁架桥梁都不是由连续桁架建成的,而是由悬臂部分支承着一个悬挂的中间段。该桁架由 K 形桁架和中间部分的普拉特桁架组合而成。

下承式桁架（右图）

道路引导到桥，道路尽端是一小段简支于混凝土桥墩上的混凝土梁，然后穿过桁架结构，使其成为下承式桁架。

桥墩（上图）

在日本生月岛和平户岛中间的开阔水域上，在桁架轮廓上升的地方，两个混凝土桥墩支承着大桥。每一个桥墩包括两根支柱，并且通过混凝土薄壁结合在一起，在顶部用一根横向的承重梁连接。梁的托梁轮廓反映了悬臂超出桥墩的方式，以侧面约束桥面的外边缘。

连续桁架（下图）

连续桁架的上方产生负弯矩而在跨中间产生正弯矩。尽管它与悬臂结构相似，也可能暂时被建造成两个悬臂部分，但它的作用方式与悬臂结构不同。最主要的不同是作为整合结构形式的一部分，连续桁架桥梁依赖中间跨的结构性能。

第二部分　分析桥梁

桁架桥梁·宪法桥

跨越威尼斯大运河的宪法桥由圣地亚哥·卡拉特拉瓦设计，于2008年开放，是一座钢拱桁架桥，由5个拱组成：一个中心拱，两个边拱，两个下拱。5个管状钢拱用垂直的钢管和钢板将彼此相连，形成了一个有5条脊柱的复杂骨架结构。中心拱与下拱构成主要的脊柱，是主要的支承构件，两对外拱为展开的桥面提供额外的支承。

无声的革命

在这座桥建成之前，威尼斯没有任何桥的高跨比超过1:7。宪法桥跨度20m，高度4.8m，高跨比为1:16，宪法桥在威尼斯桥梁设计领域掀起了一场无声的革命。

桥台（上图）

桥台由钢筋混凝土建成，外面镶着石头。同样具有雕塑感的造型经过精心设计，使桥梁在运河两侧与地面接触的弧线更加平缓柔和。

管状桁架（上图）

较小的横向构件呈放射状，就像肋骨，向下指向远离桥跨中心的方向。在桁架中没有任何纵向的三角形构件（即垂直构件和斜向构件的组合），因此这是空腹桁架。

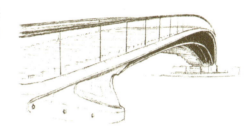

净空（下图）

单跨拱的半径为180m，形成了一个跨度为80m、净空为7m的坦拱。使得拱足够坚硬，可以受拉而不仅仅是受压，这解决了两个互相矛盾的需求：既避免行人通过时爬陡坡，又使船只在下面通过时不受阻。

玻璃桥面（上图）

平缓上升的桥面包含了玻璃阶梯，每一级阶梯里都装有灯，从桥台到跨中桥面宽度逐渐增加。透明玻璃板护栏的顶部有铜扶手，保持了桥梁轻巧纤细的外观。

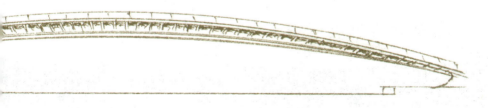

第二部分　分析桥梁

OPENING & MOVING
开启式桥梁和可移动桥梁·综述

可移动桥梁提供了一种穿越的方式，即桥可以被暂时移除。可移动桥梁最常见的功能是允许很高的船只通过，但也有少数例子具有防御功能，比如吊桥，具有运输功能，将货物运过河，也具有保护功能，移除结构免受洪水侵袭。开启式桥梁并不局限于任何特定的结构类型，比如拱式桥梁或梁式桥梁，并有各种形状和大小。

与其他类型的桥梁相比，可移动桥梁为设计创新提供了独特的机会，是最亮眼的桥梁类型之一。可移动桥梁往往也存在复杂的工程挑战，因为它们的可移动单元在结构上产生了移动和可翻转的力。在世界各地众多类型的可移动桥梁中，有些是可上升的，有些是可下降的，还有可旋转的，甚至有一些是可卷曲的或可倾斜的。

盖茨黑德千禧桥

这座跨越泰恩河的、获奖无数的盖茨黑德千禧桥于 2001 年完工，是目前世界上第一座也是唯一一座可以倾斜的桥。

开启式桥梁和可移动桥梁·巴顿平转渡槽

交叉支承

在巴顿平转渡槽的转轴上面,桁架中段的交叉支承给支座提供了附加的强度。渡槽在运河中间一个特别建造的岛上旋转。

英国西北部的布里奇沃特运河建于17世纪中期,目的是为了向曼彻斯特运送煤炭。为了响应英国的快速工业化,布里奇沃特运河作为最早的交通要道之一必须要成功地穿过现有的自然水路和已建的运输路线。为了跨过艾尔韦尔河曾建造了一座石制渡槽,在19世纪末期一座平转渡槽取代了它,该平转渡槽在1894年开放的时候是当时世界上第一座也是唯一一座该类型的桥。19世纪90年代,随着曼彻斯特航道的建设,沿途有更大的船只需要从原来的渡槽下通过,所以有必要进行再次置换和更替。

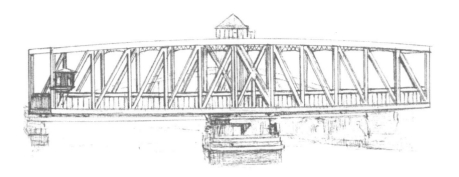

平转轴（上图）

巴顿平转渡槽重达1450t的可移动部分是71m长、7m宽的下承式钢桁架。可以注意到桁架的排列看起来像是一个典型的简支豪威式桁架。因为其悬臂的形式，斜撑承受的是拉力而不是压力。

双转轴（下图）

巴顿平转渡槽不是曼彻斯特航道上唯一的平转桥。在运河之上还有一个邻近的、承载着一条公路的平转桥与之共用这个人工岛。两座桥被设计成同时工作，它们打开时在岛上排列成一条线，中间仅由砖砌控制塔隔开。

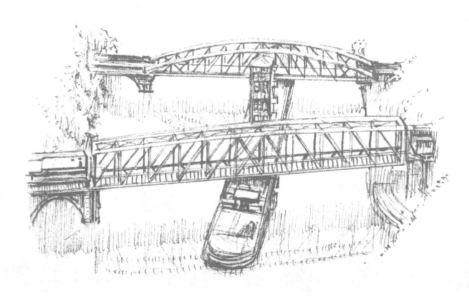

开启式桥梁和可移动桥梁·塔桥

为什么建造？

塔桥的设计原本是为了使高桅横帆船能够抵达位于塔桥和伦敦桥之间的伦敦池。桥面关闭时，净空高度是 8m，打开的时候净空高度是 42m。

世界上最著名的可移动桥梁之一——塔桥横跨在泰晤士河上。它因邻近北岸的伦敦塔而得名，是一座活动结构和悬索结构相结合的桥梁，开通于 1894 年。活动结构的机械装置被嵌入塔基，塔基坐落在由 70000t 水泥建造的桥墩上。建成之后，它成为当时世界上最长并且最复杂的开启式桥梁。

活动结构和悬索结构

这座长 244m 的桥梁可以分为两部分：带有一对活动结构、长 61m 的中心跨和包含两个悬索的外翼部分。外翼部分也包括由悬挂在悬吊桁架上的吊杆支承的桥面。悬挂部分产生的水平张力通过主塔之间的一对格构桁架箱形梁承载，也为人行通道提供空间。

钢桁架

虽然塔桥外部由波特兰石和花岗岩包裹着，但其内部大部分结构都是钢和混凝土制成的。超过 11000t 的钢被用在塔的钢架、顶部的格构桁架和吊杆中。

活动结构

每一个活动结构重 1000t 以上。为了使升起它们的操作更简便，减轻枢轴的压力，每一个活动结构都是平衡的。用来开启大桥的平衡装置和现代液压机械装置都嵌于桥墩中。

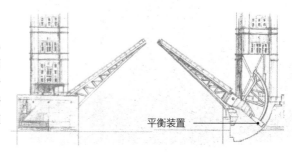

平衡装置

开启式桥梁和可移动桥梁·米德尔斯堡运渡桥

米德尔斯堡运渡桥在保持高净空的同时,允许低空通过河流。这种双重功能通过悬挂在横梁上的运输车或"吊篮"来实现,运输车使用钢索和滑轮组在河流上来回行驶。桥面的短暂性和轻便性,使在保证河流通过的前提下大型船只从容而有序地在框架结构下通行成为可能。该类型桥梁适用于河流中水运有优先权的河段。

米德尔斯堡运渡桥

米德尔斯堡运渡桥于1911年开通,是蒂斯河汇入大海前的最后一座桥。选择运渡桥是因为它不会限制河流的航道。历史上只有过20座运渡桥,但仅有11座幸存下来。

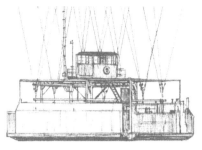

运输车

米德尔斯堡运输车可以在 90 秒内承载 200 人或者 9 辆车过河。

悬臂

运渡桥依靠高空结构来支承运输车的缆索机构。实现它有许多不同的方法,米德尔斯堡运渡桥将两个 49m 高的钢悬臂构件支承在中心跨为 180m 的锥形桥塔上。悬臂另一端较短的锚固臂用缆绳系在地面上,以抵抗拉力。

桁架桥墩

支承高空悬臂构件的桁架桥墩是不对称的锥形,所以内壁是垂直的,这样可以使缆索和运输车通过时不受限制,这也是一个非常重要的设计考虑因素。

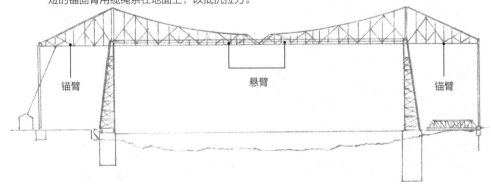

开启式桥梁和可移动桥梁·密歇根大街桥

重命名

密歇根大街桥在2010年重命名为杜萨布尔大桥,是以芝加哥第一个非本地定居者让·芭蒂斯特·潘特·杜萨布尔的名字命名的。

设计一座能够跨过密歇根河、连接芝加哥南部和北部的密歇根大街桥,是20世纪初宏大的城市规划的一部分。密歇根大街桥(1920年)是当时世界上第一座拥有双层桥面的开启式桥梁。较快的非商业交通使用上层,较慢的商业交通使用底层。人行道在桥面两侧。大桥由两个相同的活动结构组成。在石砌桥台的4个角落各有一栋小房子。

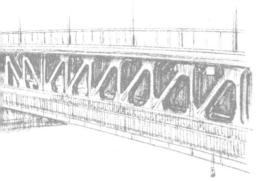

上承式桁架

双层桥面的结构形式在其较低的位置类似一个普拉特桁架。它同时起到了下承式桁架（底部有桥面）和上承式桁架的作用（顶部有桥面）。注意，桁架仍以与简支普拉特桁架类似的方式产生作用，斜杆承受拉力，因为悬臂支承位于两端而不是像巴顿平转渡槽那样在中间（见158页、159页）。

双桥

每一端的活动结构都沿纵向分为两部分，当一侧被撞击或摧毁时，另一侧仍可以独立操作。每一端的活动结构由12根纵向钢梁组成，通过斜向和水平交叉支承加固。

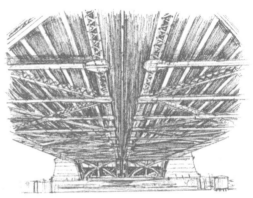

平衡装置

每端重3400t的活动结构的枢轴在下桥面之下，由4个1500t重的配重进行平衡，在桥开始上升时，配重沉入12m深的坑中。大桥以圆柱销或枢轴为中心上下转动。

开启式桥梁和可移动桥梁·科林斯运河大桥

钓鱼桥

桥升起时,鱼在桥面上栏杆之间被捕获。这些鱼经常被当地小孩儿拿走。

潜水桥是相对少见的一种桥梁类型。它的原理与垂直升降桥类似,但桥面不是垂直升起,而是下降,以为船舶提供足够的吃水。位于希腊科林斯与萨罗尼克湾之间、长6km的科林斯运河两端都有潜水桥(1988年),可以下降到运河底部让船舶通过。

桥梁上升

当桥梁完全升起到海平面之上 2m 时，只有一个很窄的净空，以此为运河形成一个有效的屏障，防止任何船只进入。

桥梁下降

主桥面由 4 根 1m 宽的钢梁构成，支承两条车道。保护钢免受腐蚀性的海洋环境的侵袭，是设计时要考虑的关键问题。桥的两端固定在装有升起装置的钢筋混凝土桥墩上。

全下降

当桥梁下降到运河底部时保持水平位置，为船只通过提供最大可能的净空。

第二部分　分析桥梁

开启式桥梁和可移动桥梁·伊拉斯谟斯大桥

多个桥墩

多个不同的混凝土桥墩支承着伊拉斯谟斯大桥长 808m 的钢桥面，桥上承载着来往车辆、城市有轨电车、自行车和行人。

伊拉斯谟斯大桥跨于荷兰鹿特丹港市新马斯河之上，活动结构是它的一小部分。89m 的活动结构与长 280m、由钢索悬挂在 139m 高的桥塔上的主跨相比相形见绌。由于这是大型船只可以通过的仅有的一段，因此活动结构是桥梁至关重要的组成部分。伊拉斯谟斯大桥开通于 1996 年，它是目前荷兰最高的桥梁，同时，它的活动结构是目前西欧最大、最重的结构。

活动结构(下图)

桥体巨大的活动结构是锥形的,所以离枢轴越近就越厚,越接近外缘越薄。靠近支座或枢轴的较大横断面反映了悬臂的要求。活动结构由两个主悬臂组成,主悬臂由铺设桥面的横梁连接。

塔的钢索(上图)

将近7000t的钢用到伊拉斯谟斯大桥的建设中。其中大部分用在尖塔中,尖塔支承着32个斜拉索,其中最长的约300m。

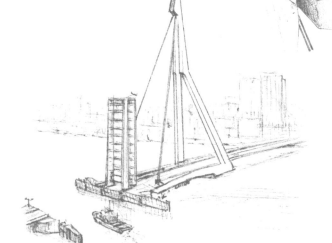

桥塔(下图)

与桥的水平基础部分相连的桥塔,其角度抵抗了来自桥面的荷载,并且通过8根锚索连接到桥的后面。注意它是如何靠倾斜来抵抗桥面拉力的。

开启式桥梁和可移动桥梁·盖茨黑德千禧桥

获奖作品

作为当今世界上第一座也是唯一一座倾斜桥，盖茨黑德千禧桥获得了许多国际建筑奖项。

跨过泰恩河，于2001年对外开放的盖茨黑德千禧桥是世界上第一座倾斜桥。为往返于纽卡斯尔和盖茨黑德之间的行人和骑行的人设计的盖茨黑德千禧桥，由两个跨度为105m的平衡钢拱构成。其中一个拱形成了桥面，通过钢索连接到支承拱，支承拱作为辅助倾斜运动的平衡物。

转轴（下图）

8 台电动机驱动液压装置，在 5 分钟内可将桥倾斜超过 40°。该桥被设计成具有自动清洗功能，当桥倾斜时，遗留在桥上的任何垃圾都会滑进拱端的深坑里。

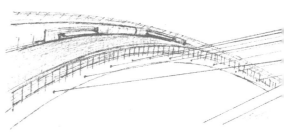

桥面钢索（上图）

桥面被分为两部分。外弯道上的自行车道比内弯道上的人行道低 30cm 左右。钢索连接着桥面拱的内边缘，所以不会妨碍行人和骑行人通过。

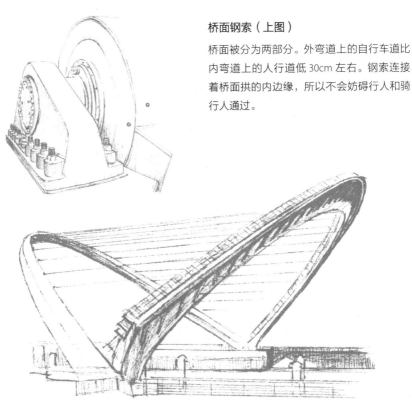

倾斜（上图）

为了让船只通过，800t 的钢结构以河边伸出的由 19000t 混凝土建成的桥台为支点开始倾斜。当支承拱降落时，桥面拱升起，直到两者高度相同。

第二部分　分析桥梁　**171**

开启式桥梁和可移动桥梁·翻滚桥

桥身长 12m 的步行翻滚桥（2004 年）位于伦敦大联合运河入口上方，由 8 个带有多边形侧壁的铰链桥面组成，它能够卷起来，在河岸上形成一个完美的八边形结构。处于展开状态时，桥就是一个桁架——扶手构成了上弦杆，桥面构成下弦杆。扶手轻微下斜的角度将压力转移到垂直圆柱杆上。折叠需要 3 分钟，而且在卷曲过程中可以随时停止。

操作

只要按一下按钮，桥就会升起到约 10m 的高度，然后开始卷曲，在入口一侧 3 分钟内卷成一个八边形结构。

卷曲机械（上图）

该桥梁通过嵌在每个立柱内的液压装置实现卷曲，液压装置驱动液压缸向上、向外移动，然后推动扶手折叠。在此期间，扶手由受压元件变成受拉元件。在桥展开时，立柱也会处于受压状态，开始折叠后，立柱由受压状态转变为受拉状态。

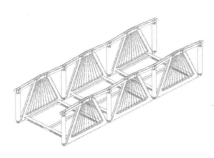

折叠部分（上图）

该桥梁的主要构件是多边形栏板、立柱、铰接的 U 形扶手（U 形的边为立柱提供横向支承）和桥面。为了将桥的重量控制到最小，栏板的空隙用铁丝来填充。

卷曲顺序（上图）

当桥开始卷曲时，它由一个简支梁转变为一个悬臂梁。在卷曲的最初阶段，扶手不再处于水平状态，结构慢慢拱起。固定桥面的铰链使这种移动成为可能。桥升起到极限高度，然后卷成一个八边形结构。

第二部分　分析桥梁

开启式桥梁和可移动桥梁·古斯塔夫·福楼拜桥

垂直升降桥由两个在两端支承着桥面的桥塔构成,可以在保持桥面水平的同时将桥面垂直升起。古斯塔夫·福楼拜桥是欧洲最大的垂直升降桥之一,它是横跨法国鲁昂塞纳河的第六座桥,其包括引道在内的全长为670m。

升降系统

古斯塔夫·福楼拜桥的中心跨度为116m,承载着由钢梁建成的双层桥面。桥面由一系列钢索悬挂在450t重的滑轮装置上进行升降,滑轮装置安装在每一个桥塔的顶端。

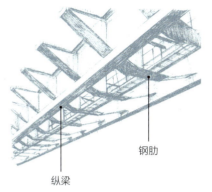

钢肋

纵梁

桥面

每段长 116m 的桥面重 1200t。桥面的主要结构是两根纵梁，纵梁被一系列的钢肋连接、加固，两边的悬臂提供一个合适的桥面宽度。

滑轮装置

每个桥塔顶端的蝶形滑轮装置容纳了 8 个绞盘。值得注意的是这种装置的结构是如何通过交叉支承加固的。超过 6km 的钢索反复缠绕在滑轮装置周围，使其在 12 分钟内将桥面升起 48m。

桥塔

这两个 86m 高的钢混凝土桥塔，都是由两根独立的塔柱组成，在顶部由滑轮装置连接在一起，通过其共同工作来实现桥塔结构功能。桥塔两侧的桥面由两对钢索悬挂在两端，一对固定在桥面的外侧，另一对固定在桥面的内侧。

开启式桥梁和可移动桥梁·教堂桥

历史借鉴

教堂桥20m高的穿孔形桥塔使人联想到剪刀或者针,回忆起令德比闻名于世的纺织业。60m长的桥,其摆动动作也很像裁缝裁剪时剪切的动作。

坐落于联合国教科文组织世界遗产德文特河谷工业区的德文特河之上的新人行天桥,需要一个有情调又低调的设计。行人和自行车共通的桥将河的东岸与格林教堂、古镇中心和著名的丝绸制造博物馆相连,现代工厂就诞生于此。新的教堂桥(2009年)是一个中空的、箱形、斜拉索式行人平转桥,它被设计成能够迅速旋转来应对湍急河流和快速上涨的洪水。不显眼的细长的桥面由3根连接在独特的尖桥塔上的钢索支承。

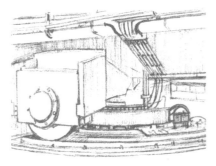

转轴

大桥的旋转装置位于大桥之下,在塔柱下桥面旋转 38° 角的连接点上。巨大的铸钢枢轴轴承能够在 4 分钟内移动这个 90t 重的结构。

摆动

平衡桥被设计成能够随纵轴有效地摆动。这种有效的设计使得该桥使用一台电动机或者手工操作就可以打开。

环境设计

弯折的桥面完美地以平衡状态旋转,其薄刀片状的外形有助于增加洪水的最大净空。这种弯折的结构也减少了使用的材料,所有材料都是在距离大桥 24km 的范围内采购并进行制造的。

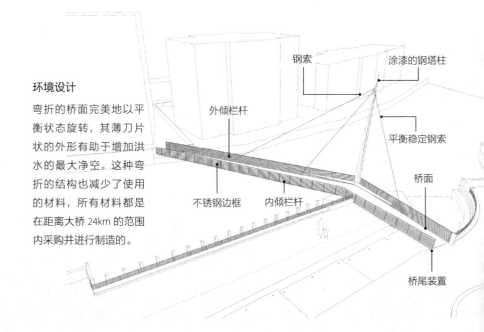

钢索
涂漆的钢塔柱
外倾栏杆
平衡稳定钢索
不锈钢边框
内倾栏杆
桥面
桥尾装置

第二部分 分析桥梁

CANTILEVER BRIDGES

悬臂式桥梁·综述

悬臂是一个从支承结构中伸出的构件。在桥梁设计中，悬臂是四种基础结构类型之一。悬臂式桥梁在支承的两侧通常是平衡的，其锚臂构成背跨并且与悬臂相对，也是主跨的一部分。每一个悬臂受到向下的压力和向上的拉力，并传递给桥墩。大多数悬臂式桥梁至少由一对连接到一起的悬臂构成主跨。

悬臂式桥梁可以由很多种材料建成，悬臂部分可以使用不同的结构，比如横梁或桁架。在桥墩上，平衡的悬臂可以固定在桥台上，也可以固定在相邻的悬臂上。悬挂的部分有时嵌入到悬臂间来扩展主跨。为了抵消主跨上额外的竖向荷载，平衡的悬臂既可以固定在相邻的悬臂上，也可以固定在桥两端地面上坚实的桥台上。

魁北克大桥

加拿大的魁北克大桥（1919年）是目前世界上跨度最长的悬臂式桥梁。两个平衡悬臂之间扩展的悬挂桁架使其跨度达到549m。

悬臂式桥梁·福斯铁路桥

弦杆

福斯铁路桥的每根悬臂的上弦杆和下弦杆都由钢管制成,它们将荷载传递到桥墩上。锚臂的重量为1000t,以平衡悬臂部分和活荷载。

福斯铁路桥是世界上最著名的悬臂式桥梁之一,它1890年修建在苏格兰福斯湾之上。福斯铁路桥是在桥梁建设方面利用悬臂原理所做的最大型实践。该桥由3根巨大的平衡双悬臂组成,双悬臂由小的简支构件连接到一起,形成了两个长521m的主跨。两端的两个背跨长201m,与支承引道部分的石塔相连,其中,引道部分由钢桁架梁建成。

人体演示（上图）

为了说明悬臂的结构原理，图中采用了人体演示。荷载由坐在悬挂部分中跨上的人代表，坐在两侧的人的手臂代表受拉的上弦杆，木杆代表了受压的下弦杆，砖块代表了桥塔上的锚点。

铆接（上图）

这是第一座主桥部分全部由钢建成的桥。修建时，每天雇佣4000多个工人，使用了650万个钢铆钉和65000t的钢。图中所示的较低的管状部分是由铆接的钢板制成的空心结构管，承受来自上方的压力并传递到桥墩上。

福斯铁路桥　　　　　　埃菲尔铁塔

伟大设计（上图）

由于福斯铁路桥有3根平衡双悬臂，要想跨越与福斯铁路桥相同的距离，需要超过5座埃菲尔铁塔首尾相连。

悬挂部分（下图）

平衡悬臂法的一个优点是通过将悬挂部分嵌入每个平衡双悬臂之间来获得额外的跨度。福斯铁路桥的悬挂部分有106m长。

悬臂式桥梁·魁北克大桥

最长的跨

虽然魁北克大桥的悬臂（177m）比福斯铁路桥的悬臂短，但与福斯铁路桥106m的悬挂部分相比，其195m长的中间段更长，构成了549m长的主跨。

加拿大的魁北克大桥是目前世界上跨度最长的悬臂式桥梁。1907年，修建这座桥的第一次尝试结束在桥结构坍塌的灾难中，迫使人们对大桥进行了重新设计。桥上987m长的铆接钢结构的主要构件是一个下承式桁架。与之前的福斯铁路桥相似，魁北克大桥有两个平衡悬臂部分，通过悬挂部分连接，构成主跨。29m宽的桥面承载铁路、车辆和行人交通。

中间段（右图）

195m 长的中间段是一个简支驼背式桁架。整个中间段被吊起置于悬臂之间，并且连接到下弦杆。为了使结构完整，安装了上弦杆填充结构。悬臂的外臂被固定在桥台上，以此来平衡桥中间段的重量和桥上来往交通产生的荷载。

交叉支承（左图）

桥的两个侧面通过一系列斜向、垂直、水平的钢支架连接在一起。每一个支承构件都是桁架构件。这些结构全部被提升到桥面之上，也将桥的两侧连接到一起。

K 形桁架（下图）

这座桥 3 个独立的结构构件（两个平衡悬臂和中间段）都是 K 形桁架。注意指向支承的底部斜向构件是如何处于受压状态并进一步支承以承受屈曲力的。

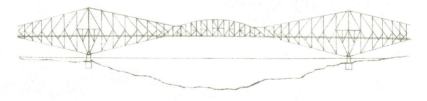

第二部分　分析桥梁

悬臂式桥梁·蒙特罗斯大桥

悬挂部分

蒙特罗斯大桥的中心跨由一个 6.4m 长的悬挂部分延长,避免了在上弦杆处形成悬索桥特有的悬链曲线。

蒙特罗斯大桥跨于苏格兰南埃斯克河之上,从桥塔下来的弯曲弦杆给人留下了这是一座悬索桥的印象。然而,进一步观察后,我们发现混凝土结构是由两对混凝土桥墩支承的双悬臂组成的,形成了一个中心主跨带有两个较短的边跨。这座桥取代了之前的一座悬索桥,使用了原有的桥台和引道,这座桥是在 2004 年原桥被拆毁后替换上去的。

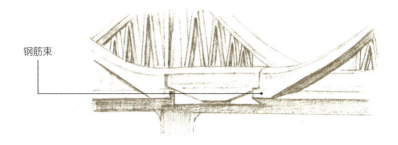

钢筋束

上弦杆（上图）

弯曲的上弦杆包括 76 根强化钢筋，每一根钢筋的直径大约 4cm。受拉构件中钢与混凝土的高比例配置，引发了关于应用混凝土是否有必要的激烈讨论。而且，考虑到成本和重量，根据结构形式来选择材料，钢是否合适也有待商榷。

混凝土桥墩接头

混凝土桥墩接头（左图）

有棱角的混凝土桥墩接头强调了钢筋混凝土桥墩与桥面和上部结构造的结合。

立面（上图）

两对桥塔矗立在桩深 18m 的钢筋混凝土桥墩上。由悬臂构成 66m 的主跨，悬臂由弯曲的上弦杆和桥面之间的斜向构件组成的混凝土桁架构成。锚定在桥台上的、较短的边跨长 46m。

悬臂式桥梁·故事桥

3 个桥墩

非同寻常的是,故事桥支承在 3 个桥墩上。在南端,一个主桥墩支承着悬臂,一个次级桥墩锚固结构防止旋转。在北端,悬臂支承在主桥墩上,锚定在基岩中。

布里斯班的故事桥建成于 1940 年,是目前澳大利亚最大的悬臂式桥梁。钢悬臂采用下承式桁架结构,中心跨度为 282m,在布里斯班河上形成了一个 30m 的净空。钢结构的建设始于混凝土桥墩之上的桥塔。在悬臂结构伸出到中心桥面之前,背跨悬臂被架设并锚固在石砌桥墩和引道上。内臂在河上达到最大长度后,与简支的中心部分相连接,完成整个跨度。

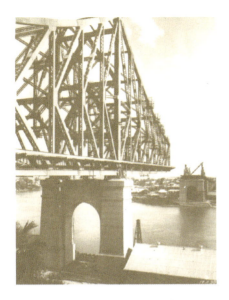

非对称悬臂

锚固在陆地石砌桥墩上的外臂比悬在河上的内臂短,这就产生了荷载的不平衡,所以必须由锚固点来承受拉力加以约束。连接两个内臂的中心部分是一个简支普拉特桁架。

下承式桁架

大桥K形桁架形成了一个下承式桁架,桥面位于桁架底部。这个结构由石砌桥墩支承,其混凝土地基下降40m。

交叉支承

桥的外侧直接由石砌桥墩支承,并且由横向和斜向的钢桁架构件交叉支承。桥面铺设在交叉支承的上面。

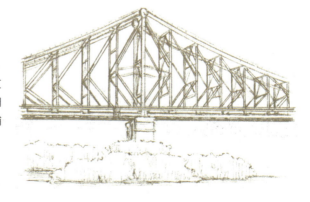

悬臂式桥梁·伦敦桥

历史悠久

在过去 2000 年中,在现在的伦敦桥附近,有许多桥梁跨过了泰晤士河。其中,最长的一座是建于 12 世纪的 19 拱桥,它承载着高层建筑物、一座小教堂和一座吊桥。

　　12 世纪,在泰晤士河的这个部分还是潮区界时,罗马人修建了这座古老的桥。伦敦桥重建后开通于 1973 年,长 283m,位于伦敦最古老的桥址附近。由于伦敦桥有着平缓的曲线,所以经常被误认为是拱式桥梁。然而,大量的线索揭示了这座悬臂式桥梁的真实特征——两个边跨都只是半拱,同时,两个变形缝位于中心跨。每一个悬臂部分都是由预制的后张预应力混凝土构件建造的 4 个箱梁构成的。

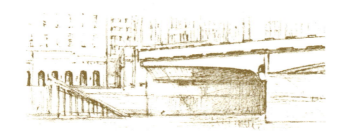

变形缝(下图)

两个变形缝在中心跨中依稀可见。这显示出两个悬臂之间的悬挂部分。

后张预应力混凝土的箱梁(上图)

这座桥在施工时很复杂,因为在拆除之前的伦敦桥时,要保证水路畅通。4根纵向箱形梁都是在下游分段预制的,然后装船运到现场,相互连接,再对其张拉。张拉包括将钢索嵌入到每个部分,然后张紧钢索来加强改善混凝土的结构性能。

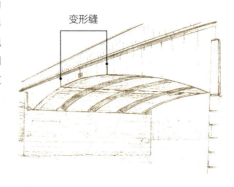

半拱(下图)

较窄的边跨都是由悬臂部分的外臂构成的,它从纤细的有花岗岩饰面的混凝土桥墩上伸出。外臂被锚固在桥台上。

悬臂式桥梁·巴里司令大桥

传统技术

巴里司令大桥拥有目前世界上第三长的悬臂跨，是最近修建的最大的悬臂式桥梁之一。悬臂式桥梁越来越多地被更经济的斜拉桥所取代。

4km 长的巴里司令大桥（1974 年）跨于宾夕法尼亚州德拉瓦河上，是美国最长的悬臂式桥梁。主跨长 501m，净空 60m，但悬臂结构构成了由桁架梁建成的较长的桥的一部分。悬臂上向下的力由中墩平衡，并在锚跨上产生向上的力。这些力由锚臂承载，并由外墩和锚跨的重量来抵抗。

横向交叉支承（左图）

实际上，所有的桁架桥都依靠两侧的交叉支承。这里K形横向交叉支承加固了每段的上面部分。在24m宽的桥面下，相似的交叉支承由中心纵向钢构件加固。

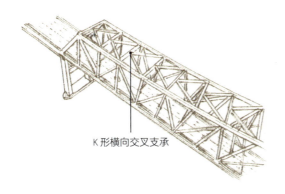

K形横向交叉支承

细分华伦式桁架（右图）

在这里，用在引道和主悬臂结构中的细分华伦式桁架，是由被垂直构件分开的斜向构件的交叉方向来定义的。这些斜向构件将荷载传递回桥墩。

下承式桁架（下图）

引道是简支的细分华伦式上承式桁架（桥面置于桁架之上），在悬臂部分转换成一个下承式桁架（桥面置于桁架内部）。

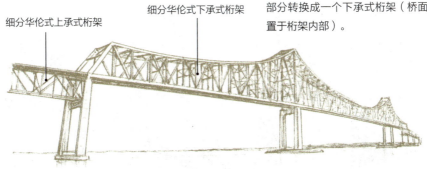

细分华伦式上承式桁架

细分华伦式下承式桁架

第二部分　分析桥梁

悬臂式桥梁·威列峡湾桥

延伸部分

考虑到预应力钢筋混凝土箱形梁的膨胀变形，威列峡湾桥被分成4部分，每一个部分长约490m。

横跨丹麦威列峡湾的威列峡湾桥，全长1712m，有15个约110m的跨度，是用自由悬臂法建造的。每个双悬臂都建在桥墩上，延伸出去在跨中相接。在跨中，每条T形的接缝是显而易见的。在这种结构形式中，桥通过一个拱形的混凝土箱形梁（从支点到跨下面的弧线）将荷载传递到桥墩上。

细长的几何形体（右图）

自由悬臂的建造要求结构在靠近支承物时更厚，朝向悬臂外端方向越来越薄，在中跨形成一个细长的截面。狭长的桥墩支承着拱形箱形梁构件，箱形梁的厚度从桥墩上的 6m 过渡到跨中的 2.5m。最大的净空高度约为 40m。

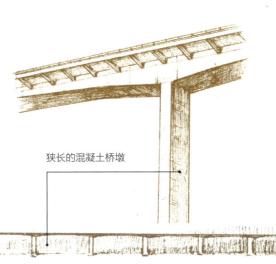

狭长的混凝土桥墩

垂直桥墩（上图）

为了保持桥梁修长的外形，混凝土桥墩在跨度方向被设计成很窄，这使通过平衡悬臂最小化弯力成为可能。桥墩的宽度为悬挂的桥面提供了横向稳定性。

混凝土桥面（左图）

作为主要的结构构件，桥墩和中心箱形梁宽度相同，且都支承着更宽的桥面。桥面是一块悬臂混凝土板，设计成在预应力横梁顶端超出箱形梁两侧。薄薄的混凝土桥面整体宽29m。

第二部分　分析桥梁

SUSPENSION BRIDGES
悬索桥·综述

悬索桥的桥面悬挂在承受拉力的悬索上，这些悬索将承载力转移到桥两端的锚固点上，或者通过索塔转移到地面上。传统的（或简单的）悬索桥由两个悬索之间的桥面构成，而悬索是悬挂在两个固定点上的。现代的悬索桥采用了同样的原理，但是使用了两个索塔，在索塔上面架设缆索形成一个中心主跨和两个较小的边跨。现代悬索桥的缆索通常由从桥的一侧到另一侧连续缠绕的缆索构成。每次缠绕到一侧，缆索都被固定在深埋地

下的锚固点上。这些锚固点被设计用来抵抗缆索承受的巨大拉力,这些巨大的拉力是将动态载荷由纵向吊杆传递到桥面产生的。大部分的重量,包括结构和穿梭在桥上的活荷载,通过吊杆和缆索来承载,进而由受压的索塔来承载。悬索桥设计的结构效率使其成为单一跨度最有效的桥梁体系。

明石海峡大桥

目前,世界上跨度最长的悬索桥是日本的明石海峡大桥(1998年),其全长不到4km,有一个2km的主跨。

悬索桥·梅奈海峡大桥

防锈处理

梅奈海峡大桥的悬索是目前悬索桥中最长的。在现场建造和安装期间,每一条缆索都储存在温热的亚麻籽油中,防止生锈。

梅奈海峡大桥横跨梅奈海峡危险海域,连接威尔士大陆和安格尔西岛,是最早的现代悬索桥之一,同时也是当时世界上跨度最长的桥梁。该桥长305m,跨度176.5m,海拔30m。梅奈海峡大桥(1826年)的施工始于1820年,以建造石砌桥墩为开端,之后是锻铁悬索,悬索支承着一个建在铁梁之上的双车道木桥面。

石砌引道（左图）

石灰石桥墩支承着引道，并且由海峡一侧的 4 个 16m 宽的半圆拱和另一侧的 3 个半圆拱组成。拱形引道终止于 47.5m 高、悬挂着悬索的、大理石饰面的索塔。

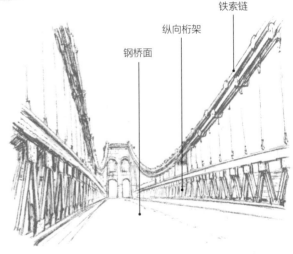

桁架护栏（右图）

由于橡木桥面经常抵挡不住强风，1893 年被钢桥面取代，同时，将其净荷载由 633t 增加到 1016t。1938 年，铁索、铁杆等都被钢构件替代。车道外侧的纵向桁架护栏支承着桥面，并且被悬臂式人行道隐藏。

悬索（左图）

桥面最初由四组主悬索支承，通过每一端的眼杆相互固定。每一条主悬索重 121t，由 935 个锻铁部件组成，每条主悬索包含四条独立的悬索。这些悬索由 150 个工人拖过河流，并将其固定在 18m 深的锚固点上，锚固点的锚碇通过挖隧道深入基岩，再用 3m 长的铁螺栓固定到位。

悬索桥 · 克里夫顿悬索桥

持久性

在克里夫顿悬索桥修建时,设计承载的最重荷载是马和马车。但每天仍有成千上万的机动车辆在其上行驶。

　　克里夫顿悬索桥(1864年)横跨布里斯托尔市的埃文河,对于年轻的工程师伊桑巴德·金德姆·布鲁内尔来说,这是他人生中接受的第一个委托项目。该桥修建始于1831年,但这个工程困难重重最终停工。在布鲁内尔离世后5年,这个工程才完成。该桥全长414m。锻铁悬索位于桥墩顶部4m以下的索鞍上,下降21m,为9.5m宽的桥面提供了一个1m的起拱,桥的净空高度为76m。

铸铁悬索（左图）

悬索由每隔几米用螺栓固定在一起的锻铁链构成，不是后来很普遍的由电线结成的电缆。悬索的每一节都由10个或者11个扁平的铁链构成，堆叠在3个独立的垂直层面中。其中一些铁链来自被拆卸的伦敦亨格福德大桥，该桥也是由布鲁内尔设计。

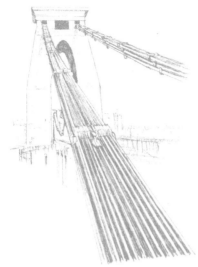

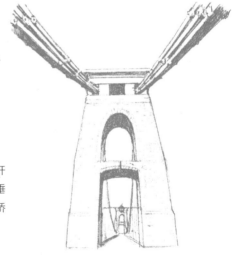

吊杆（下图）

214m的主跨包含一个悬挂在81对锻铁吊杆上的桥面。这些吊杆的长度1~20m不等，垂直排列，顶端固定在悬索上，底端固定在桥面上。

桥塔（上图）

每一个椭圆拱形桥塔高26m，由尖旗形石头建成，坐落在砂岩桥台上。考虑到由于动荷载和温度变化引起的纵向移动，同时也为了阻止横向移动，每一个桥台上均安置了带有滚轴的索鞍，悬索悬挂在索鞍上。

悬索桥·约翰·A. 罗布林吊桥

悬索

约翰·A. 罗布林吊桥有10000多条缆绳交织在桥墩间,形成了两条主悬索,支承着净空高度为30m的桥面。

位于美国肯塔基州和俄亥俄州的边界上,横跨俄亥俄河的约翰·A. 罗布林吊桥是在其设计者离世后重新以其名字命名的。该桥建成时是当时世界上最长的悬索桥,1866年对外开放。鉴于之前对有关悬索桥设计的了解和专业知识,罗布林知道,俄亥俄河对于悬索桥来讲太宽了,不能用支柱横跨,所以他设计了两个独立的间距300m的石砌桥塔矗立在河中。

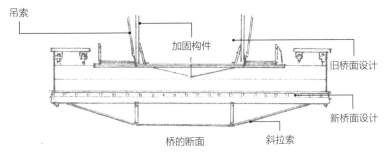

桥面结构

桥面由主悬索下悬挂着的吊索支承。相邻的吊索对由锻铁梁连接,桥面铺设其上。横梁之间的每一部分桥面都通过纵向排列的构件和提供横向刚度的斜向构件和横向构件来支承加固。

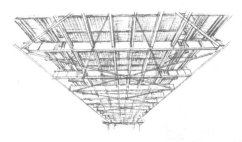

加宽桥面

到19世纪末,桥面被加宽,并且在桥塔上又多增加了一对悬索来提高其承载能力。旧桥面相对来讲较薄,在桥面下方有斜拉索和纵向桁架,可以保证其刚度。18m宽的新桥面通过刚性的线形交叉支承来加固和保证刚度。

石砌桥墩

23m 高的石灰岩表面砂岩桥墩基础坐落在13层垂直排列的橡木层上,橡木层用螺栓固定在一起,包裹在混凝土中。最初,这些桥墩被设计用来承载更大的建筑,但由于美国内战原因而使计划搁浅。

悬索桥·布鲁克林大桥

美国纽约的布鲁克林大桥（1883年）在建成时是当时世界上最长的悬索桥。该桥使用了4条主悬索。这些悬索悬挂在石砌桥塔的索鞍上，即标志性的一对尖拱之上。次级悬索由桥塔辐射开来，给予大桥与众不同的扇状外观，使得靠近桥塔的部分成为斜拉索系统和悬索系统的混合体。

钢悬索

布鲁克林大桥是第一座使用钢悬索的悬索桥。在这以前，悬索桥使用沉重但结构强度较弱的铁索或者铁链。

索锚

该桥的 4 条主悬索由 5434 根钢丝不断反复在索鞍上缠绕，然后紧紧绑在一起形成，并锚固在两侧支柱上。4 条主悬索每条都可以承载 11200t 的重量。纵向缆索（或者称为吊杆）是由超过 23000km 长的钢丝像绳子一样缠绕在一起制成的。

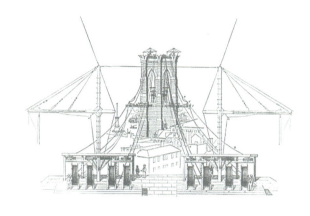

俯视图

桥面截面图

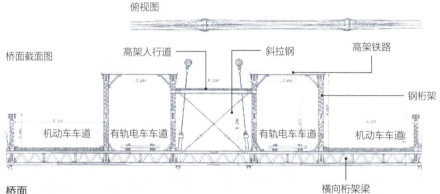

桥面

最初，桥面承载两条高架铁路、两条有轨电车车道、两条机动车车道，中间是高架人行道。纵向钢桁架在桥面外侧，并将铁路与外部机动车车道分隔开，较大的桁架支承着桥面。桥面的基础由分布在纵向钢桁架下的横向桁架梁构成。桥面由斜拉钢支承以获得横向稳固性。

高度

该桥全长近 2km，桥塔之间的主跨长为 486m，最大净空为 41m。84m 高的桥塔曾经高出了纽约的天际线。

第二部分　分析桥梁　203

悬索桥·乔治·华盛顿大桥

最繁忙的桥

在乔治·华盛顿大桥通车第一年,有超过500万辆机动车通过。现在,每年接近一亿辆机动车通过该桥,使得它成为世界上交通最繁忙的桥。

位于纽约市哈德逊河上的乔治·华盛顿大桥（1931年），在当时是具有划时代意义的一座桥,它的主跨比当时世界上任何一座桥的主跨两倍还长。它仅有一层桥面,最初设计为两层。后来第二层桥面被加上并于1962年开通。工程师奥斯曼·阿曼知道,桥面的重量可以用来稳定桥梁,这样可以替换早期悬索桥中需要使用的加劲桁架。该桥每一段长32m的纵向桥面梁重66t。4条直径约1m的主悬索在1067m的桥塔之间承载36m宽的双层桥面。桥台之间的桥长为1451m,净空高度为65m。

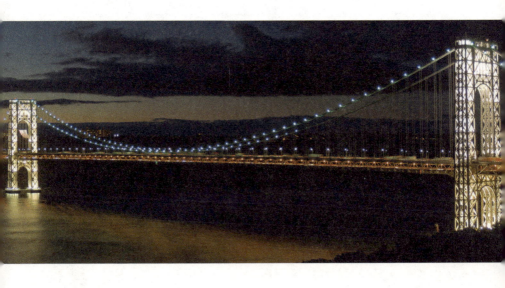

增加的桥面

增加的较低桥面使用 8m 厚的细分华伦式钢桁架,建在已有的桥面之下。桥面的增加是结构上的延伸,因为较高的桥面和较低的桥面不是一个挂在另一个上面,而是各为单独的结构实体。

钢悬索

4 条主悬索都是由单个链条反复缠绕,横穿河流 61 次形成,并且确保固定在由 260000t 混凝土建成的锚固体上。每一条钢悬索都由 434 根独立的钢丝构成,总长度为 172000km。

索塔

支承 4 条主悬索的两座索塔都是 183m 高、210000t 重。索塔本来打算由混凝土和花岗岩作为饰面,但是暴露的钢桁架骨架呈现出了极具吸引力的外观,使得其最终保持了暴露状态,这在一定程度上节省了成本。

悬索桥·金门大桥

独特的轮廓

金门大桥的桥塔高达227m,由空心钢构件铆接而成。桥塔建成后,悬索在海湾两岸来回缠绕。

金门大桥(1937年)坐落在美国旧金山湾入口处,是横跨金门海峡的标志性建筑,是世界上最著名的桥梁之一。27m宽的桥面吊在250对悬索上,这些悬索悬挂在一对主悬索上。每一条主悬索直径1m,长2332m,由27572根镀锌钢丝制成。为了固定这些悬索以及承载拉伸荷载,在桥的两端各安装了一个重达60000t的混凝土锚固点。

环境效应（下图）

温度变化会导致桥面伸缩，这会影响桥面的长度进而影响其在水面上的高度。金门大桥垂直变化高达 5m，最大净空 67m。为了减小风阻，桥面的设计使用了交叉支承，并由细分华伦式桁架建造，使风以最小阻力穿过。

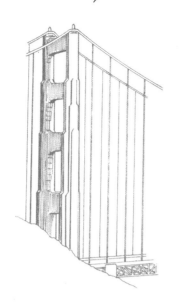

风格样式（上图）

桥梁的风格经常能够反映其建造的年代。没有几座桥能像金门大桥一样，唤起人们对那个年代的回忆，它有装饰派艺术风格的尖塔，水平支承构成空腹桁架。每座塔高 227m，重 44000t。这座桥独特的橘红色与太平洋的夕阳交相辉映。

最长的跨度（下图）

主跨长 1280m，在竣工时打破了当时所有纪录。这个悬索结构包括两个 343m 长的边跨在内，总长 1966m。

第二部分　分析桥梁

悬索桥·狮门大桥

长度

狮门大桥长 1823m，由四部分组成：472m 的主跨，187m 的两个边跨，一条 670m 的引道。

　　加拿大温哥华附近的狮门大桥，建于 1938 年，原本是一座双车道的桥，因为不能满足与日俱增的交通量，所以决定在保持桥开放的同时，更换桥面。在 2000—2001 年间的夜晚和周末，这些桥面被分段更换。桥梁设计的改进使得现有的桥塔和悬索能够承载一个全新的桥面，新桥面和旧桥面一样重却比旧桥面宽 35%。

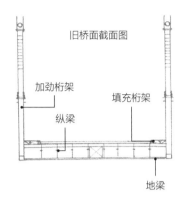

旧桥面截面图

加劲桁架
纵梁
填充桁架
地梁

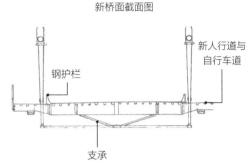

新桥面截面图

新人行道与自行车道
钢护栏
支承

更换桥面（上图）

旧桥面宽 12m，U 形结构桥面两侧的纵向桁架内包括两条车道和两条人行道。新桥面宽 17m，有一个 12m 的中心部分，两侧有 2m 宽的人行道和自行车道悬挂在悬臂部分。曾经在桥面上限制视野的桁架被桥面下的加劲桁架取代。

塔式桁架（右图）

在桥塔上部 2/3 处和顶端，桥塔通过横向支承——斜向支承和锥形空腹桁架的组合进行加固。桥面立柱之间的横梁也支承着桥面。

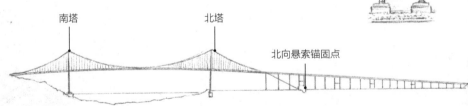

南塔　　　北塔
北向悬索锚固点

锚固点（上图）

主悬索在两侧的锚固方式不同，在桥面连接山谷的那一侧，主悬索被锚固在基岩层里，另一侧锚固在桥墩上，将引道与悬浮部分分开，并且一直向下到谷底的锚固点上。

悬索桥·韦拉扎诺海峡大桥

高度变化

韦拉扎诺海峡大桥的位置将其暴露在恶劣的环境条件中，导致其在冬天或者狂风期间关闭。热膨胀使桥面的高度在冬夏间变化 3.5m。

在美国，中跨最长的桥是连接斯塔滕岛和布鲁克林，横跨在哈德逊河上的悬索桥——韦拉扎诺海峡大桥。跨度为 1298m 的韦拉扎诺海峡大桥在 1964 年竣工时，不仅是当时世界上最长的桥，还承载着双车道。为了承载额外荷载，该桥有两对悬索，而不是常见的一对。桥面桁架通过坐落在每座塔柱之间的横梁上来获得额外的支承。

双层桥面（左图）

由 60 个单重 400t 的钢桁架结构组成的双层桥面由它的上表面支承。下层桥面悬挂其下，由一个 5m 厚的交叉支承的细分华伦式下承式桁架构成，以保证横向稳定性。

不平行的桥塔（右图）

桥塔相距 298m，高 211m，坐落在 51m 深的地基中，它的设计必须适应地表曲率，其顶端比基座偏移 41mm。

两对悬索（左图）

桥的两端各由一对悬索支承，每一条悬索都有 26108 股钢丝，长度为 230000km，重达 9270t，直径约为 1m。这些悬索通过在锚固点之间来回穿梭的旋转轮成对铺设，并且沿悬索长度方向拉紧。

悬索桥·亨伯桥

跨于亨伯河之上的公路桥——亨伯桥，1981年建成时曾是世界上最长的悬索桥。之前带有混凝土索塔的悬索桥的最大跨度是608m，但亨伯桥的主跨长1410m。跨度显著增加背后的技术创新，是在155m高的桥塔中采用了空心钢筋混凝土结构。这使桥塔更轻、更高，减少了地基上的荷载。

环境应对

决定修建一座悬索桥是因为受到亨伯河河床移动的环境条件特征的影响。航道因此不断变化，修建一座仅使用两个桥墩就能创造一个大跨度的悬索桥是最合适的。

钢悬索（左图）

两条主悬索的直径都是 70cm，由 37 根长 404m、直径 5mm 的高强度钢丝制成。每根钢丝在制成悬索之前都系在桥的两端。每条钢悬索重 5500t，每个钢筋混凝土锚固点重 300000t。

中空的混凝土塔（下图）

桥塔采用滑模技术建造，将混凝土灌入随结构上升的模板中，摩天大楼的核心筒也是同样的建造方式。为了更加稳固，每座桥塔中的两个纤细的锥形塔架都用水平交叉支承，形成空腹桁架。

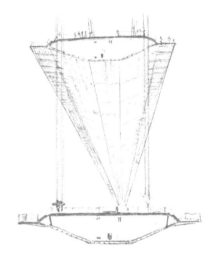

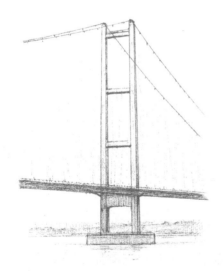

气动桥面板（上图）

宽 28m、厚 4.5m 的桥面由长 18m、重 140t 的钢制空心方形管制成。这些构件在被焊接到一起、挂上悬索之前，都是在现场外制造的。材料和设计减轻了桥面的重量，同时，它锋利的剃刀式的流体外形通过将风荷载产生的侧向力降到最小而增加了稳定性。

悬索桥·青马大桥

边跨

青马大桥每座边跨的缆索都固定在地面上，而不是桥面上。其中一组是直的而不是弯的，因为它不承载竖向荷载。

目前，世界上最长的公路-铁路两用悬索桥是中国香港的青马大桥（1997年）。这座长2160m的大桥有双层桥面，上层为公路车道，下层为两条铁路和两条紧急行车道。这种不对称的结构由3部分组成：一个主跨，一个部分悬挂、部分由混凝土桥墩支承的边跨，还有一个由混凝土桥墩支承的引道。

双层桥面（右图）

大桥位于易有极端天气的地方，重49000t的双层桥面暴露于强风中。桥面的设计是为了将风阻降到最低。它的流体边缘外形促使侧风从周围通过，而沿着上层桥面中间的连续敞口，可防止在桥面内产生高气压。

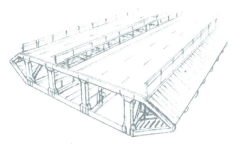

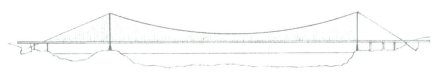

桥跨（上图）

两条主悬索被系到206m高、52000t重的钢筋混凝土索塔顶部的索鞍上。边跨由悬挂部分和引道构成，引道支承在三个均匀分布的、相距72m的钢筋混凝土桥墩上。

锚固体（下图）

两条主悬索由334000根直径为5mm的钢丝制成。总重26700t的两根主悬索可承受106000t的荷载，两端分别锚固在重量为200000t和250000t的锚固体上。这些混凝土建筑的表面是有角度的，以便它与悬索上的拉力作用线垂直。

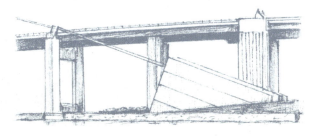

悬索桥·大贝尔特桥

悬挂部分

由于可以提供畅通无阻的净空，悬索桥在繁忙的航运领域绝对是最佳选择。大贝尔特桥悬索部分的主跨可以提供一个1624m宽的航道。

大贝尔特桥（1998年）的悬索部分是它横跨丹麦西兰岛和菲英岛之间的14km的平行公路桥与铁路桥（和隧道）系统的一部分。大贝尔特桥的大部分都由支承在钢筋混凝土桥墩上的连续混凝土横梁组成。这座桥一个有趣的特点是悬索锚固点不是建在陆地上。大体积的混凝土海锚通过海床底部的楔形体所产生的摩擦力来抵抗拉力。

海锚截面图

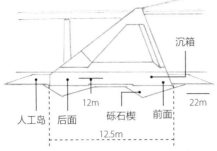

人工岛　后面　砾石楔　前面　沉箱
12m　　　　　22m
12.5m

海锚（上图）

锚具的空心形状减少了混凝土的用量，在没有影响使用性能的情况下使结构更轻盈，形体更美观。这种形状反映了锚具承受的拉力。每个锚具在基座上有 122m 长，在海床下面 22m 处建有地基。并且锚具都是有角度的，这样能够承受向内拉的水平载荷。

连续悬挂（下图）

桥面连续悬挂在两条 3079m 长的悬索上，两个锚固点之间距离 2.7km。这种设计特点使得 254m 高的钢筋混凝土桥塔比普通的桥塔更高。桥塔的锥形结构反映了它们下部承载的压力，从坚实的地基开始逐渐变细，并在海拔 21m 处分成两个在中间和顶部有交叉支承的桥塔。

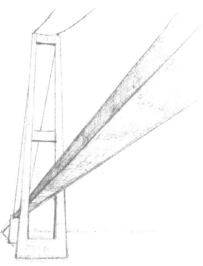

桥面（下图）

31m 宽、4m 厚的气动焊接钢箱梁的桥面被设计用来抵抗风荷载。箱形构件内的横向桁架增加了桥面的刚度。

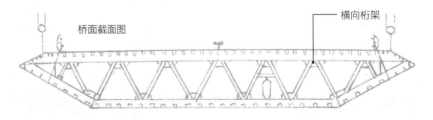

桥面截面图　　　　　　　　横向桁架

悬索桥·明石海峡大桥

抗震

1995年神户大地震时，明石海峡大桥的索塔在修建时偏离，造成主跨增加了1m。桥面梁中的铰链经过特别设计，可以提高抗风和抗震能力。

横跨日本明石海峡的明石海峡大桥是目前世界上跨度最长的悬索桥。3911m长的桥面通过两条巨大的钢悬索悬挂在海拔97m处，钢悬索的直径1m多，共36830股钢丝，可以环绕地球7周。修建始于1988年，整整花费了10年完成，使用了181000t的钢和1400000m³的混凝土。

混凝土锚固体（右图）

如此大的跨度会产生相当大的拉力，悬索必须固定在巨大的锚固体上。每一个锚固体的修建都使用350000t的混凝土，且与桥台混合使用。注意引道是一个由桥台支承的混凝土横梁，在桥台上桥面成为一个细分华伦式箱形钢桁架。

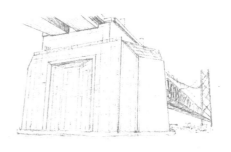

跨度最大（下图）

由于跨度大，产生了相当大的拉力，因此必须用巨大的锚固件固定悬索。每个桥台使用386000t混凝土建造。桥头引道是由桥台支承的混凝土梁。

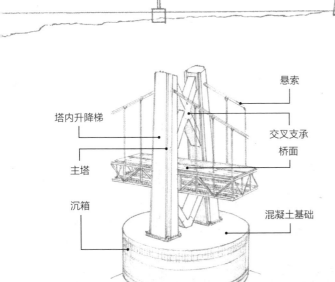

基础（左图）

每座索塔的底座都建在深深的圆形基础中，圆形基础使用混凝土和钢建造，可以为索塔提供坚实的基础。每座索塔都用交叉支承来保证横向稳定性，但保持相对开放来将风力降到最小。

第二部分　分析桥梁

悬索桥·四渡河大桥

不对称性

四渡河大桥的一侧由一条引道组成,而另一侧的桥面在塔底连接谷壁,形成不对称的外形。

四渡河大桥跨过中国湖北省的四渡河水道,架设在水面上560m的高空处,曾是世界上最高的悬索桥。该桥长1365m,在2009年11月通车。该桥有一个900m长的主跨,由于受限的地质条件,大桥没有悬挂边跨。主悬索悬挂在H形的塔上,然后直接锚固在后面的基岩上。

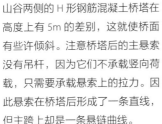

桥面截面图

桁架桥面（左图）

26m 宽的桥面是由一系列预制好的钢桁架构成的框架。纵向的细分华伦式桁架沿桥面的全长向外围延伸。这些有规律、均匀分布的横向桁架交叉支承加固了结构。

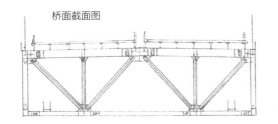

非水平桥面（右图）

山谷两侧的 H 形钢筋混凝土桥塔在高度上有 5m 的差别，这就使桥面有些许倾斜。注意桥塔后的主悬索没有吊杆，因为它们不承载竖向荷载，只需要承载悬索上的拉力。因此悬索在桥塔后形成了一条直线，但主跨上却是一条悬链曲线。

火箭发射式缆索（左图）

这座桥由两条反复交织穿过山谷的悬索支承。第一条先导索，不是向下穿过山谷到达对岸，而是由火箭发射带到对岸。

第二部分　分析桥梁

CABLE-STAYED BRIDGES

斜拉桥·综述

　　斜拉桥是悬索桥的一种,但与传统的悬索桥却有着本质上的差别。它们的原理是一样的,使用一系列的缆索,来将桥面上的荷载转移到承受压力的桥塔上,但斜拉桥的缆索不是连续的,而是相互独立的,支承着从桥塔向外延伸的桥面部分。这样很容易测量每一根缆索的拉力,必要时可以根据需要调整其长度。而且由于缆索可以在不影响桥的整体

强度的情况下单独进行更换，这使维修大桥也变得更容易。斜拉桥结构内包含荷载，因此不需要锚固。这使得它们特别容易适应各种状况，尤其当锚固设施不便使用时，例如多跨或者地质条件不好。桥面荷载通过对称的缆索传递到桥塔，这样的缆索能够平衡结构。还有一种斜拉桥使用斜塔来平衡桥面的荷载。

希腊里奥-安提里奥大桥

里奥-安提里奥大桥大约3km长，悬索桥面超过2000m，是当时世界上最长的多跨斜拉桥。

斜拉桥·斯堪桑德大桥

高强度混凝土

斯堪桑德大桥那纤细的桥面和桥墩是通过先进的混凝土技术实现的,其利用了现代混凝土高强度的特点。

挪威的斯堪桑德大桥(1991年)是早期大型斜拉桥之一。全长1010m,大桥是双子塔结构,有3个跨,1个主跨和2个不同大小的外跨。主跨长530m,高出水面45m。一个边跨在悬崖处直接和引道相连,另一个边跨由4个混凝土桥墩支承,连接到更远的内陆引道。13m宽、2m高的箱形梁桥面是目前世界上最长的混凝土斜拉桥桥面。

缆索锚固（左图）

23 对缆索共重 1030t，连接到每座桥塔顶部立柱的两侧。缆索直径 52~85mm。

三角塔（右图）

每座桥塔高 152m，为了内在的横向稳定性，都设计成底部宽顶部窄的 A 形框架。拉力集中在垂直立柱的顶端，然后通过两根支柱向下传递到桥塔底部和基础。

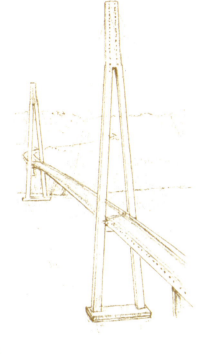

凸缘

桥面

横梁

桥面支承（左图）

桥面的荷载通过缆索和桥塔支柱间的横梁支承。桥面边上靠近塔的小凸缘，被设计用来防止桥面较大的纵向移动。桥面薄薄的，符合空气动力学的三角形结构使其自重轻且结构稳定。

斜拉桥·诺曼底大桥

连续梁

诺曼底大桥的引道坡是由连续的混凝土梁构成的,混凝土梁由桥墩支承,桥墩从岸边到 A 形桥塔逐渐升高。

斜拉桥的设计在近些年发展很快。诺曼底大桥建成时,象征着斜拉桥设计开始了一场革命。诺曼底大桥在 1995 年开放,在当时是世界上最长的斜拉桥(2143m),并且它有当时世界上最长的斜拉桥跨(856m),但后来被很多更大、更长的斜拉桥超越了。

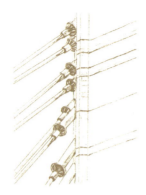

缆索连接器（左图）

桥面板每 19.6m 由桥塔两侧的 23 对缆索支承。这些缆索从塔顶开始呈扇形排列，并被拴在钢套管里嵌入到支柱的钢箱中。这样可将缆索所受的拉力转化成桥塔所受的压力。

引道坡（左图）

引道坡的最后一部分跨在桥塔的横梁上，并连接到主跨上较轻的钢箱梁上。桥面纤细的外形设计将侧向风产生的侧向力减到最小。

由连续的混凝土梁建成的引道坡

A 形桥塔（右图）

这座桥的整体强度来源于箱形钢筋混凝土桥塔的 A 形结构，将荷载从桥面通过支柱转移到地面上。两根支柱有一个坚实的基础，即水平梁支承和横向桥面约束。缆索固定在两根支柱的连接点上，即垂直的立柱部分。

斜拉桥·瓦斯科·达·伽马大桥

固定的桥墩

瓦斯科·达·伽马大桥的支柱从横梁到底部逐渐成锥形,支承来自上面的压力。支柱通过混凝土基础由地基固定,以保护桥墩免受船只的意外撞击。

瓦斯科·达·伽马大桥826m长的斜拉索部分,只是跨在葡萄牙塔霍河上的、17km长的大桥的一小部分。斜拉索主跨长420m,边跨长203m。30m宽、有6条高速行车道的钢箱梁桥面,由悬挂在2个H形桥塔上的192条缆索支承跨过三跨。桥面向内倾斜的灯柱经过专门设计,不会直接照在水面上妨碍航行环境。

桥面支承（左图）

桥面下没有任何支承，桥面两侧的两条缆索支承着通过桥塔的、826m 宽的桥面。

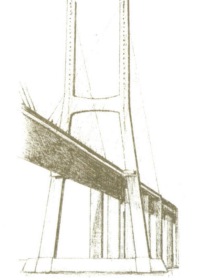

H 形桥塔（右图）

缆索固定在 155m 高的 H 形桥塔的上部垂直部分，并且连接到桥面的外缘。桥塔的结构通过桥面上方巨大、略弯的横梁来加强。注意，在桥塔顶端没有横梁，在桥面上也没有，这说明桥面是完全悬挂着的。桥塔的基础形成了一个在水平面上看得见的防护横梁。

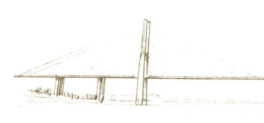

双缆索（上图）

192 条缆索像竖琴一样，从 4 根垂直的立柱放射开来。在真正的竖琴中，每一根琴弦都与旁边的平行。在这里，缆索不是完全平行的，但它们也不像扇形那样，从一个压力点放射开来。

第二部分　分析桥梁　229

斜拉桥·米洛高架桥

桥墩

米洛高架桥的每个桥墩都是从底部的 27m 逐渐减小到桥面位置的 10m，这样可以减少对环境的影响。

横跨法国南部塔恩河宽阔河谷的米洛高架桥（2004年），曾是世界上最长（25km）和最高（343m）的斜拉桥。该桥分为 8 个跨，由 7 个桥墩支承着 90m 高的立柱，每一根立柱上的 11 对缆索支承着 36000t 的桥面，从北到南有 3% 的坡度。

曾经最长的斜拉桥桥面（上图）

等间距的桥墩高度在 77~244m 之间不等，构建了 6 个 342m 的中心跨和 2 个 204m 的外跨。缆索固定在桥面上和桥塔上等距离分布的锚固点上，呈放射状分布。锚固点上面的桥塔，没有结构上的功能。

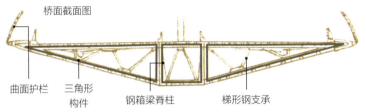

桥面（上图）

32m 宽的桥面由 3 部分组成：一个由 4m 宽、4.2m 厚的钢箱梁制成的中心脊柱；一个由焊接在脊柱上的三角形构件制成的空心外桥面；内部用于加固的梯形钢支承。缆索连接到中心脊柱上。3m 高的曲面护栏可以显著地减少风荷载。

立柱（右图）

为了适应桥面的伸缩，每一个桥墩在桥面下都一分为二，来增加建筑的纵向灵活性。高于桥面 87m、700t 重的 A 形立柱是对这种结构的响应，从右图可以看到。

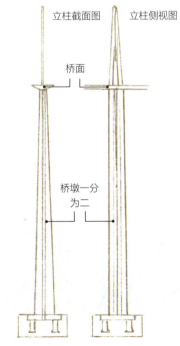

斜拉桥 • 里奥-安提里奥大桥

设计选择

海峡的距离更适合悬索桥，但出于地质和地震因素的考虑，里奥-安提里奥采用了另一种设计方法，从而形成了多跨斜拉桥。

2880m 长的里奥-安提里奥大桥连接着伯罗奔尼撒半岛和希腊大陆。它由引道、3 个主跨和两个边跨构成，两个边跨分别长 560m 和 286m。4 座桥塔，每一座都有两组缆索，连同桥面两侧的另外 23 对缆索一起，支承着 2252m 长的桥面。桥面是复合交叉支承的钢框架结构，其纵向工字梁由横向钢梁支承，同时由混凝土板加固。

海拔(上图)

斜拉桥部分悬挂在 4 座桥塔上。悬挂部分两端的伸缩缝和桥面结构独立于 4 个桥墩(在桥面标高上),使桥面可以纵向调整最大达 5m 的距离,从而灵活、安全地应对天气和地震情况。

地基(下图)

在基础高度没有基岩的情况下,65m 高的桥塔坐落在巨大的 90m 直径的放射状钢筋混凝土地基上,地基埋在土壤中,并由海底的摩擦桩支承。

方形桥塔(上图)

钢筋混凝土桥塔的设计是为了将桥面上的压力直接有效地转移到桥墩上。缆索中的拉力集中在立柱上,然后向下转移到每座桥塔的四根支柱上,最后转移到每个桥墩的角柱上。四根支柱的结构在地震中能够提供额外的稳定性。角柱将压力转移到八角形桥墩和地基中。

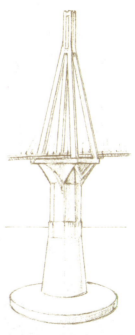

斜拉桥·苏通大桥

三角形桥塔

苏通大桥倒Y形的支柱由桥面下方的后张水平横梁连接，设计用来抵抗50000t级船舶的冲击。横梁将桥塔和支柱连接起来，并抵抗向外的推力。

苏通大桥（2008年）长8.2km，横跨中国长江，是世界上较长的斜拉桥之一。两组缆索（桥面每边一组）连接着一对300m高的桥塔和钢箱梁桥面，形成了1088m长的主跨。沿着河下270m的基岩，桥塔和引道桥墩由数百个深入地下100m左右的摩擦桩支承。

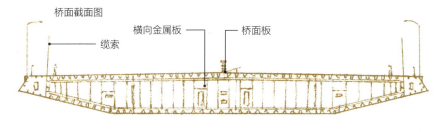

箱梁桥面（上图）

斜拉桥桥面剖面是一根41m宽、4m高的钢箱梁，由16m长、450t重的构件组装而成。每个构件都是从驳船上吊起来并焊接在一起。沿箱形剖面，每隔4m就有纵向封闭的钢槽和横板来加固桥面，同时，随着接近桥塔，横板的数量也会增加。

缆索连接（上图）

缆索从桥塔上部开始呈扇形散开，每隔16m就连接到中心跨，每隔12m连接到后跨。桥面是分段建造的，同时缆索随着每段桥面的铺设而调整。连接中跨的最长的缆索长577m，重59t。

引道（上图）

引道由空心混凝土单元梁组装而成，在横向混凝土桥墩上形成连续梁。

斜拉桥·杭州湾跨海大桥

设计和施工复杂

由于随时可能遇到台风和极端潮汐等，杭州湾跨海大桥的设计和施工过程变得十分复杂。

位于中国东部的 36km 长的杭州湾跨海大桥在建成时是世界上最长的跨海大桥，其两个斜拉桥部分提供了航道。37m 宽、流线型桥面的斜拉桥部分由 15m 长、3.5m 高的钢箱梁构成。它们与由混凝土箱梁建成的引道相连接，形成了支承在混凝土桥墩上的连续梁。

北航道桥和南航道桥（右图和下图）

南航道桥采用A形独塔结构，北航道桥采用钻石形双塔结构。南北航道桥的主跨分别为318m和448m。每一座桥塔都支承着两组固定在桥面钢箱梁上的缆索。

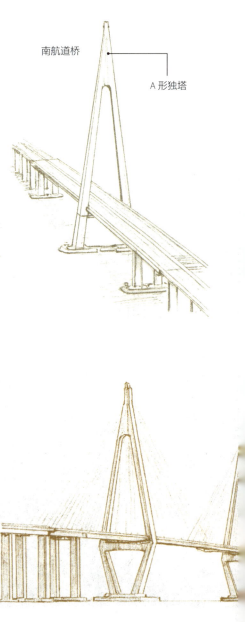

南航道桥

A形独塔

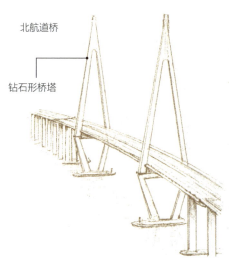

北航道桥

钻石形桥塔

穿过桥塔（右图）

桥塔被设计成能提供建筑稳定性并加大抗风性。在每种情况下，桥面都需要穿过桥塔，北航道桥塔是钻石形，南航道桥塔是A形。在钻石形桥塔中心的横梁能够抵抗由上面倾斜的桥墩产生的外推力。当桥面穿过桥塔时桥面被横梁约束，提供了横向稳定性。

斜拉桥·昂船洲大桥

横跨中国香港繁忙的蓝巴勒海峡的昂船洲大桥（2009年）全长1596m，采用双桥塔斜拉索结构，主跨长1018m。两个298m高的桥塔通过27对从桥塔两侧延伸出来的缆索支承着主桥面。缆索每隔18m固定在主跨上，每隔10m固定在边跨上。

引道

51m宽、4m高的双桥面，在靠近每座塔时分开，两侧各有三条车道。横梁将双桥面连接到一起并保持其稳定性。这个在中心跨部分的桥面之间可以看到。

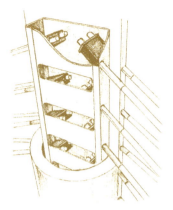

针塔(下图)

从针塔宽阔的基础到尖顶的锥形反映了桥塔从基础向上延伸时的结构受力。针塔的前175m 由钢筋混凝土建造,其上方的混凝土芯被 32 个不锈钢构件做成的表层包围。这种混合设计能够减小由塔和缆索共振产生的振动。

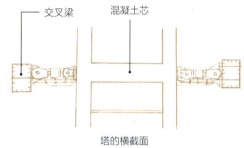

塔的横截面

缆索连接(上图)

底部的 3 组缆索直接连接到桥塔的混凝土芯,其他的所有缆索都被固定在钢锚箱中。在每条缆索的顶端,直径为 16mm、长 300mm 的不锈钢抗剪连接件,在混凝土芯、钢表层和钢锚箱之间传递荷载。

双桥面(左图)

每一个边跨的桥面由连续混凝土箱梁构成,支承在 4 个混凝土桥墩上。主跨由一个可以减少恒载的轻型气动钢箱梁组成。桥面内部通过横纵肋板加固,稳定性由将双桥面连接到一起的横梁保持。

斜拉桥·胶州湾大桥

变形缝

胶州湾大桥的斜拉索部分和引道桥部分的不同结构形式清晰可见。考虑到结构构件之间的伸缩,它们由变形缝隔开。

　　胶州湾大桥位于中国山东省青岛市,全长为42.23km(2011年),其航道由三部分组成,其中一个部分是悬索桥,另外两个部分是斜拉桥。悬索桥部分由一个单塔组成,单塔从中心支承着双层桥面,构成两个跨。较短的斜拉桥部分由两座相邻的H形桥塔组成,每一座桥塔都支承着一段双层桥面,构成两个相同的跨。较长的斜拉桥部分由两组相邻的H形桥塔组成,形成了一个长主跨和两个短外跨,都由混凝土桥墩支承。

成对的桥塔（右图）

有 4 座垂直桥塔跨过双桥面的宽度，同时，桥的每半个跨都由整整 24 条缆索支承。在 4 根单独的立柱之间缆索被设计排列成竖琴样式。在这样的设计中，缆索是平行的，不是从一个单独的小点呈扇形散开。这增加了悬索点之间的桥面跨度。每一对固定在地基上的垂直立柱都由支承桥面的水平梁加固。

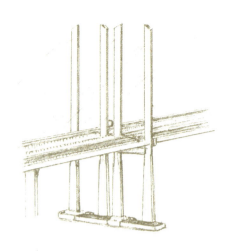

双层桥面（左图）

双桥面的道路设计使得荷载被分为两部分，实际上形成了两座单独的桥。在斜拉桥部分，这种结构减小了桥塔的尺寸、缆索的数量和长度。同时，这种结构还能更有效地将荷载分散到基础上。

桥梁系统（右图）

胶州湾大桥的斜拉桥部分在巨大的桥梁系统中提供了航道。该桥在海湾中间有一个交叉口，该桥的三部分在此处汇聚。

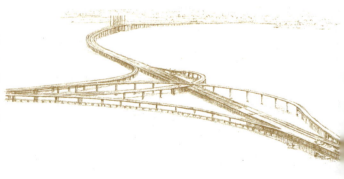

第二部分　分析桥梁

RESOURCES
资料来源

图书

Bridge Engineering: A Global Perspective Leonardo Fernandez Troyano (Thomas Telford, 2003)

Bridges: Aesthetics and Design Fritz Leonhardt (Deutsche Verlags-Anstalt GmbH, 1983)

Bridges: An Easy-Read Modern Wonders Book Cass R.Sandak (F.Watts, 1983)

Bridges: The Science and Art of the World's Most Inspiring Structures David Blockley (Oxford University Press, 2010)

Bridges: The Spans of North America David Plowden (W.W.Norton & Company, 2001)

Bridges: Three Thousand Years of Defying Nature David J. Brown (FireflyBooks, 2005)

Bridges of the World Tim Locke (Automobile Association, 2008)

Bridges of the World: Their Design and Construction Charles S.Whitney (Dover Publications Inc., 2003)

Bridges That Changed the World Bemhard Graf (Prestel Publishing Ltd, 2005)

Brunel: The Man Who Built the World Steven Brindle, Dan Cruickshank (Phoenix, 2006)

Creation of Bridges: From Vision to Reality—The Ultimate Challenge of Architecture, Design, and Distance David Bennett (Diane Pub Co, 1999)

Dan Cruickshank's Bridges:Heroic Designs That Changed the World Dan Cruickshank (Collins, 2010)

Handbook of International Bridge Engineering and Design Wai-Fah Chen, Lian Duan (CRC Press, 2011)

History of the Modern Suspension Bridge: Solving the Dilemma Between Economy and Stiffness Tadaki Kawada (American Society of Civil Engineers, 2010)

Integral Bridges George L.England, Neil C.M. Tsang, David I.Bush (Thomas Telford, 2000)

Landmarks on the Iron Road: Two Centuries of North American Railroad Engineering William D.Middleton (Indiana University Press, 1999)

Masterpieces: Bridge Architecture& Design Chris van Uffelen (Braun Publishing AG, 2009)

Structures:or Why Things Don't Fall Down J.E.Gordon (DaCapo Press, 2003)

Superstructures: The World's Greatest Modern Structures N.Parkyn (Merrell Publishers Ltd, 2004)

Victorian Engineering L.T.C.Rolt (The History Press Ltd, 2007)

What is a Bridge？: The Making of Calatrava's Bridge in Seville Spiro N.Pollalis (MIT Press, 2002)

网址

Bridge Hunter
www.bridgehunter.com
Web site database of historic or notable bridges in the United States, past and present

Bridge Pix
www.bridgepix.com
Web site that includes an ever-expanding database with more than 13,000 bridge photographs

Bridge Pros
www.bridgepros.com
Web site dedicated to the engineering, history, and construction of bridges

Bridges
www.brantacan.co.uk/bridges.htm
Basic Web site that examines the simple and complex structures of bridges, providing accurate and informative details.Text-based with illustrations

Engineering Timelines
www.engineering-timelines.com/timelines.asp
Web site dedicated to celebrating the lives and works of the engineers who have shaped the British Isles

Highest Bridges
highestbridges.com
Web site detailing in-depth knowledge of 500 of the world's highest bridges.Includes plans, photographs, and illustrations.Historic Bridges

www.historicbridges.org
Web site of photo-documented information on all types of historic bridges in the United States, parts of Canada, and the UK

Nicolas Janburg's Structurae
en.structurae.de
Web site offering information on works of structural engineering, architecture, and construction throughout history and from around the world

Swiss Timber Bridges
www.swiss-timber-bridges.ch
Web site dedicated to detailing all the wooden bridges of Switzerland;the site currently contains 1412 bridges documented by 19947 images and documents

U.S.Department of Transportation:Bridge Technology
www.fhwa.dot.gov/bridge
Government Web site containing updated details on bridge technology and bridge studies

致谢

作者致谢

爱德华·丹尼森

我要感谢英国国家图书馆的所有工作人员,感谢他们所做的研究,也要感谢艾恩在整个项目中提供的专业建议和指导,没有这些建议和指导,本书就不可能如期出版。

艾恩·史都华

我要感谢我的妻子路易丝,感谢她一如既往的爱、支持和鼓励。我还要感谢爱德华,感谢他带给我的一起创作的愉快经历。

我们都要感谢本书的编辑卡罗琳·厄尔,感谢她的耐心和专业精神,也感谢出版社的每一个人,包括凯特·沙纳汉、杰米·庞弗雷、亚当·胡克、简和克里斯·拉纳维,感谢他们的宝贵奉献。

图片来源

Alamy/F1Online DigitaleBildagentur GmbH: 72; Guenter Fischer/ Imagebroker: 66; Roy Garner: 38; Justin Kasezfivez: 166; Mike Kipling Photography: 162; MIXA: 152; Mpworks Architecture: 32; Steve Speller: 172; Trinity Mirror/Mirrorpix: 78.
The Angus Council: 185B.
Architecture Vivante: 127BL.
LeneBladbjerg/www.lenebladbjerg.com: 192.
Mario Burger: 30.
Corbis/A Stock: 116; Dean Conger: 98; Philip James Corwin: 148; Cameron Davidson: 106; David Frazier: 104; Paul Harris/JAI: 92; Hola Images: 36; Yan Runbo/Xinhua Press: 240; STRINGER/ITALY/Reuters: 154.
ThéoDemarle: 174.
Edward Denison: 188.
Dover Publications: 203T.
Flickr/ANR2008: 234; Little Savage: 88; Marmoulak: 24; Sansar: 118; Showbizsuperstar: 150.
Fotolia: 56, 80, 186; A4stockphotos: 160; AchimBaqué: 18; Lance Bellers: 26; Cemanoliso: 112; Norman Chan: 194; Chungking: 41B; Philip Date: 94, 130; VolodymyrKyrylyuk: 208; Thomas Launois: 16, 20; Liping Dong: 14; Eishier: 58; Stephen Finn: 102, 164; Louise McGilviray: 34, 180; Ana Menéndez: 68; Robert Neumann: 76; Pepo: 70; Philipus: 110; Quayside: 212; HenrykSadura: 132; Sailorr: 120; SVLuma: 202; TheStockCube: 2; HanspeterValer: 86; Willmetts: 198.
Bernard Gagnon: 42B.
Getty Images/China Photos: 236; ChinaFotoPress: 136; Coolbiere Photograph: 238; Fox Photos/Stringer/Hulton Archive: 100.
GuGyobok/Seoul Metropolitan Government: 74.
iStockphoto/David Bukach: 4CL.
JJ Harrison: 50B.
Etienne Henry: 126.
David Hermeyer/Sam Wantman: 138, 146.
Ivan Hissey: 29TL.
Stephen James, Ramboll UK: 176, 177.
Graeme Kerr: 52.
Library and Archives, Canada: 183T, 183C.
Library of Congress, Washington, D.C: 8, 21T, 27TR, 43R, 46B, 49R, 49TL, 53, 55TL, 55B, 57, 59, 61T, 79BR, 84, 85T, 85C, 200, 203, 205TR, 205B, 211, 242, 256.
Michael Lindley: 158.
Laurie Lopes: 124.
Brian McCallum, Castlegait Gallery, Montrose, Scotland: 184.
Matt McGrath: 44.
F H Mira: 228.
Salvador Garcia Moreno: 108.
MT-FOTOS: 224.
Coral Mula: 207T, 207R.
National Library of Australia: 131.
Rich NiewiroskiJr: 206.
Chris Pesotski: 190.
Guillaume Piolle: 222, 232.
Kim Rötzel: 218.
Eric Sakowski/Highest Bridges.com: 133, 220, 221C.
Shutterstock/1000 Words: 122; Antonio Abrignani: 77TL; Eric Gevaert: 168; Iofoto: 210; iPhoto digital events: 170; Stephen Meese: 48; Morphart: 85B, 244; Andre Nantel: 178; Niar: 60; Parkisland: 62; PHB.cz (Richard Semik): 90, 230; Elder Vieira Salles: 96; Samot: 83B; Tim Saxon: 29; Jenny Solomon: 54; T.W. van Urk: 226; Darren Turner: 156.
SKM Anthony Hunt Associates/Heatherwick Studio: 173T, 173BL.
Martin St-Amant: 182.
State Library of Queensland: 187TL.
SuperStock/Hemis.fr: 144.
Claire Tanaka: 22.
Wikipedia/Bencherlite: 196; Minghong: 214; NJR ZA: 134; Olegivvit: 64; Rama: 128; Sebleouf: 142; Sendelbach: 216; Sorens: 204; Zhao 1974: 114.
John Wilson: 140.